U0649330

中华人民共和国行业标准

公路养护工程质量检验评定标准
第一册 土建工程

Inspection and Evaluation Quality Standards for Highway
Maintenance Engineering
Section 1 Civil Engineering

JTG 5220—2020

主编单位：交通运输部公路科学研究院
批准部门：中华人民共和国交通运输部
实施日期：2021 年 01 月 01 日

人民交通出版社股份有限公司
北 京

律 师 声 明

本书所有文字、数据、图像、版式设计、插图等均受中华人民共和国宪法和著作权法保护。未经人民交通出版社股份有限公司同意,任何单位、组织、个人不得以任何方式对本作品进行全部或局部的复制、转载、出版或变相出版。

本书封面贴有配数字资源的正版图书二维码,扫描二维码后关注"交通社公路中心"公众号,可获得更多数字资源。本书扉页前加印有人民交通出版社股份有限公司专用防伪纸。任何侵犯本书权益的行为,人民交通出版社股份有限公司将依法追究其法律责任。

有奖举报电话:(010) 85285150

北京市星河律师事务所

2020 年 6 月 30 日

图书在版编目(CIP)数据

公路养护工程质量检验评定标准. 第一册,土建工程:
JTG 5220—2020 / 交通运输部公路科学研究院主编. —
北京:人民交通出版社股份有限公司,2020.9
ISBN 978-7-114-16795-9

Ⅰ. ①公… Ⅱ. ①交… Ⅲ. ①公路养护—工程质量—
质量检验—标准 Ⅳ. ①U418-65

中国版本图书馆 CIP 数据核字(2020)第 160169 号

标准类型:中华人民共和国行业标准
标准名称:公路养护工程质量检验评定标准 第一册 土建工程
标准编号:JTG 5220—2020
主编单位:交通运输部公路科学研究院
责任编辑:丁 遥
责任校对:孙国靖 扈 婕
责任印制:张 凯
出版发行:人民交通出版社股份有限公司
地　　址:(100011)北京市朝阳区安定门外外馆斜街 3 号
网　　址:http://www.ccpcl.com.cn
销售电话:(010) 85285857
总 经 销:人民交通出版社股份有限公司发行部
经　　销:各地新华书店
印　　刷:北京市密东印刷有限公司
开　　本:880×1230 1/16
印　　张:11.25
字　　数:253 千
版　　次:2020 年 9 月 第 1 版
印　　次:2025 年 5 月 第 6 次印刷
书　　号:ISBN 978-7-114-16795-9
定　　价:80.00 元
(有印刷、装订质量问题的图书,由本公司负责调换)

中华人民共和国交通运输部

公　告

第 71 号

交通运输部关于发布
《公路养护工程质量检验评定标准
第一册　土建工程》的公告

现发布《公路养护工程质量检验评定标准　第一册　土建工程》(JTG 5220—2020)，作为公路工程行业标准，自 2021 年 1 月 1 日起施行。

《公路养护工程质量检验评定标准　第一册　土建工程》(JTG 5220—2020)的管理权和解释权归交通运输部，日常管理和解释工作由主编单位交通运输部公路科学研究院负责。

请各有关单位注意在实践中总结经验，及时将发现的问题和修改建议函告交通运输部公路科学研究院（地址：北京海淀区西土城路 8 号，邮编：100088)，以便修订时研用。

特此公告。

中华人民共和国交通运输部
2020 年 8 月 25 日

交通运输部办公厅关于《公路养护工程质量检验评定标准 第一册 土建工程》（JTG 5220—2020）第5.2.2条补充说明的通知

交办公路函〔2025〕695号

各省、自治区、直辖市、新疆生产建设兵团交通运输厅（局、委）：

《公路养护工程质量检验评定标准 第一册 土建工程》（JTG 5220，以下简称《标准》）发布以来，在指导全国公路养护工程质量检验工作中发挥了重要作用。《标准》第5.2.2条规定沥青混凝土面层抗滑"应符合设计要求"，近期部分地方反映，由于一些项目设计文件未提出明确要求，在高速公路养护工程的竣（交）工验收过程中，出现了无据可依、执行标准不统一的问题。为确保公路养护工程的科学性与规范性，经组织专家研究论证和全面调研实践，现对《标准》5.2.2条补充说明如下：

一、交工验收时，高速公路养护工程沥青玛蹄脂碎石（SMA）路面表面层抗滑技术指标应符合设计文件要求，设计文件无明确要求时应符合下表的规定。

表 SMA 路面表面层交工验收抗滑技术要求

年平均降雨（mm）	横向力系数 SFC_{60}	构造深度（mm）
>1 000	≥54	≥0.55
500~1 000	≥50	≥0.50
250~500	≥45	≥0.45

二、竣工验收时，高速公路养护工程 SMA 路面表面层抗滑技术指标应符合设计文件要求。设计文件无明确要求时，横向力系数 SFC_{60} 应不低于40，构造深度应不低于0.45mm。

三、竣（交）工合并验收时，高速公路养护工程 SMA 路面表面层抗滑技术要求应按本文件第一条的规定执行。

四、SMA 路面表面层粗集料磨光值应满足设计文件及《公路沥青路面施工技术规范》（JTG F40）的要求。

五、横向力系数检测设备应具有在有效期内的计量检定或校准证书。横向力系数的检测应严格按《公路路基路面现场测试规程》（JTG 3450）的规定进行。

联系人及联系方式：部公路局 郝朝伟，电话：010-65292735；部公路科学研究院李明亮，电话：15810339871。

交通运输部办公厅
2025 年 4 月 6 日

前　言

根据交通运输部办公厅《关于下达 2008 年度公路工程标准制修订项目计划的通知》（厅公路字〔2008〕147 号）的要求，由交通运输部公路科学研究院承担《公路养护工程质量检验评定标准　第一册　土建工程》（JTG 5220—2020）的制定工作。

本标准本着"突出特点、简化层级、标准适度、方便适用"的原则，采用与《公路工程质量检验评定标准　第一册　土建工程》（JTG F80/1—2017）相协调的检验评定框架，对常用公路养护技术的工程质量检验评定做出了明确规定。

本标准包括总则，术语，基本规定，路基养护工程，路面养护工程，桥梁、涵洞养护工程，隧道养护工程，交通安全设施养护工程，绿化养护工程等 9 章及 13 个附录。

本标准由黄颂昌、徐剑负责起草第 1、2、3、5 章及附录 A，刘钧伟、汪维恒、李哲梁负责起草第 4 章排水养护工程部分、第 8 章、第 9 章及附录 B ~ 附录 L，禹忠耀负责起草第 4 章路基、支挡养护工程部分，王国亮、郑晓华、王来永、舒森、王常青负责起草第 6 章及附录 M 和附录 N，吴志辉、刘凤娟负责起草第 7 章。

请各有关单位在执行过程中，将发现的问题和意见，函告本标准日常管理组，联系人：徐剑（地址：北京市海淀区西土城路 8 号交通运输部公路科学研究院；邮编：100088；电话：010-62079162，传真：010-62079525；电子邮件：j. xu@ rioh. cn），以便修订时参考。

主　编　单　位：交通运输部公路科学研究院
参　编　单　位：上海市道路运输事业发展中心
　　　　　　　　陕西省公路局
　　　　　　　　重庆市交通局
　　　　　　　　山西省高速公路管理局

主　　　　　编：黄颂昌
主要参编人员：徐　剑　王国亮　刘钧伟　舒　森　吴志辉　郑晓华
　　　　　　　　汪维恒　王常青　刘凤娟　王来永　李哲梁　禹忠耀

参与审查人员：杨 亮 周绪利 张劲泉 王松根 李 健 周晓青
孟书涛 马德文 吴立坚 田 波 梁军林 陈永平
苏文英 吴赞平 刘 硕

参 加 人 员：秦永春 曾 蔚 马 融 陈 敏 季 节 钟 科
屈庆余

目　次

1　总　则

1.0.1　为加强公路养护工程质量管理，规范公路养护工程质量的检验和评定，统一公路养护工程质量检验和评定标准，保证工程质量，制定本标准。

1.0.2　本标准适用于各等级公路养护工程的质量检验评定，不适用于公路应急养护工程。

1.0.3　应加强对隐蔽工程的质量控制和检验，保证隐蔽工程质量。

1.0.4　对特殊地区或采用新材料、新结构、新技术、新工艺的养护工程，当本标准中缺乏适宜的质量检验标准时，可参照相关技术标准或根据实际情况制定相应的质量检验标准，并报主管部门批准。

1.0.5　公路养护工程质量检验评定除应符合本标准的规定外，尚应符合国家和行业现行有关标准的规定。

2　术语

2.0.1　养护工程质量检验评定单元　quality inspection and evaluation unit of maintenance project

根据养护工程性质和设施特点，结合养护施工方法、工序及规模等划分成的养护工程基本评定单位，简称"养护单元"。

3 基本规定

3.1 一般规定

3.1.1 应在施工准备阶段按本标准附录 A 将养护工程划分为若干个养护工程质量检验评定单元。

3.1.2 养护工程质量检验评定应按养护单元、养护工程逐级进行。

3.1.3 养护工程质量检验评定应符合下列要求：

1 养护单元完工后，应根据本标准进行检验，对工程质量进行评定。隐蔽工程在隐蔽前应检查合格。

2 养护工程完工后，应汇总评定所属养护单元质量资料，检查外观质量，对工程质量进行评定。

3.2 养护工程质量检验

3.2.1 养护单元应按基本要求、实测项目、外观质量和质量保证资料等检验项目分别检查。

3.2.2 养护单元质量应在所使用的原材料、半成品、成品及施工控制要点等符合基本要求的规定，无外观质量限制缺陷且质量保证资料真实齐全时，方可进行检验评定。

3.2.3 基本要求检查应符合下列规定：

1 应对养护单元所列基本要求逐项检查，经检查不符合规定时，不得进行工程质量的检验评定。

2 养护单元所用的各种原材料的品种、规格、质量及混合料配合比和半成品、成品等，应符合有关技术标准规定并满足设计要求。

3.2.4 实测项目检验应符合下列规定：

1 应对检查项目按规定的检查方法和频率进行随机抽样检验并计算合格率，采用其他高效检测方法时应经提前比对确认。

2　应按下式计算检查项目合格率：

$$检查项目合格率 = \frac{合格的点（组）数}{该检查项目的全部检查点（组）数} \times 100\% \qquad (3.2.4)$$

3.2.5　实测项目中检查项目合格判定应符合下列规定：

1　关键项目（在检查项目项次后以"△"标识）的合格率不得低于95%，属于工厂加工制造的桥梁金属构件的合格率应为100%，不符合要求时该检查项目应为不合格。

2　一般项目的合格率应不低于80%，不符合要求时该检查项目应为不合格。

3　有规定极值的检查项目，任一单个检测值都不得突破规定极值，不符合要求时该检查项目应为不合格。

4　采用本标准附录 B～J、L～N 所列方法进行检验评定的检查项目，不符合要求时该检查项目应为不合格。

3.2.6　外观质量应进行全面检查，并满足规定要求。对于明显的外观缺陷，养护工程施工单位应进行整修或返工处理直至合格。

3.2.7　养护工程应有真实、准确、齐全、完整的施工原始记录、试验检测数据、质量检查结果等质量保证资料。有监理的养护工程，工程监理单位应提交齐全、真实和系统的监理资料。其中，养护工程质量检验评定表应符合本标准附录 K.1 的规定；养护工程的质量保证资料应符合本标准附录 K.2 的规定，当个别质量保证资料缺失时，应有检测机构出具的实体质量合格检测报告。

3.2.8　要求有竣工资料的养护工程，可按本标准附录 K.3 编制竣工资料。

3.3　养护工程质量评定

3.3.1　养护工程质量等级应分为合格与不合格。

3.3.2　养护单元工程质量评定为合格应同时符合下列规定：

1　检验记录应完整；

2　质量保证资料应符合规定；

3　所含实测项目的质量均应合格；

4　外观质量应满足要求。

3.3.3　养护工程质量评定为合格应同时符合下列规定：

1　评定资料应完整；

2 所含各养护单元的质量均应合格；

3 外观质量应满足要求。

3.3.4 评定为不合格的养护单元，必须进行返工、加固、补强或调测，满足设计要求后，可重新进行检验评定。

4 路基养护工程

4.1 一般规定

4.1.1 路基填料应符合有关规范和设计要求。

4.1.2 新老路基应采用台阶法或按设计要求进行有效衔接。

4.1.3 路基压实度应分层检测，并应符合本标准附录 B 的规定。

4.1.4 地基处理应符合有关规范和设计要求。

4.1.5 排水设施应保持完好，排水通畅，并应与道路范围内或周边的排水系统相衔接；损坏的排水设施应按设计要求进行修复。

4.1.6 边沟、排水沟、截水沟应根据材料、工艺等，分别按本标准第4.7、4.8 节进行检验。

4.1.7 排水养护工程涉及的机械设备安装工程以及泵站的电气安装工程、房屋结构、混凝土结构、泵站沉井等，应按相关标准进行质量检验。

4.1.8 支挡、防护及其他砌筑工程的修复和加固维修工程应按本章规定进行质量检验评定。增设的支挡、防护及其他砌筑工程的工程质量检验评定，应符合现行《公路工程质量检验评定标准 第一册 土建工程》(JTG F80/1)的规定。

4.1.9 钢筋混凝土结构或构件，均应包含钢筋加工及安装的养护单元，其工程质量检验评定应符合现行《公路工程质量检验评定标准 第一册 土建工程》(JTG F80/1)的规定。

4.2 填方土边坡修复

4.2.1 填方土边坡修复应符合下列基本要求：

1　土边坡坡面应平顺、坚实、饱满。

2　坡脚线应顺直，曲线应圆滑。

4.2.2　填方土边坡修复实测项目应符合表 4.2.2 的规定。

表 4.2.2　填方土边坡修复实测项目

项次	检 查 项 目	规定值或允许偏差	检查方法和频率
1	坡度	不陡于设计值	坡度尺：每 20m 测 1 处
2	顶面高程(mm)	符合设计要求或 ±20	水准仪：每 20m 测 1 处
3	顶面平整度(mm)	≤40	3m 直尺：每 20m 测 1 处×4 尺

4.2.3　填方土边坡修复外观质量应符合下列规定：

1　应密实稳定，无坍塌、分层、开裂、流槽、冲沟现象。

2　修复的边坡应与原边坡衔接平顺。

3　坡面应无堆积杂物。

4.3　土方路基修复

4.3.1　土方路基修复应符合下列基本要求：

1　路基填料应符合规范和设计的要求。

2　填方路基应分层填筑压实，每层表面平整，路拱合适，排水良好。不宜使用大型压实机具的工作面，分层的最大松铺厚度应不超过 200mm。

3　施工临时排水系统应与原路基排水系统结合，避免冲刷边坡，不得使路基附近积水。

4　修复的路基应与现有路基连接平顺，线形顺畅。

5　土质路基填挖衔接处及零填方处应根据土质、含水率情况采取翻晒处理、超挖换填等措施或按设计要求进行处理，路基的压实度及路基的稳定性应满足要求。

4.3.2　土方路基修复实测项目应符合表 4.3.2 的规定。

4.3.3　土方路基修复外观质量应符合下列规定：

1　路基表面应平整，边线直顺，曲线圆滑。

2　路基边坡坡面应平顺、稳定，不得亏坡，与旧路基边坡衔接曲线应平顺。

表 4.3.2 土方路基修复实测项目

项次	检查项目			规定值或允许偏差			检查方法和频率
				高速公路、一级公路	其他公路		
					二级公路	三、四级公路	
1△	压实度(%)	上路床	0~0.3m	≥96	≥95	≥94	按附录B检查
		下路床 轻、中及重交通荷载等级	0.3~0.8m	≥96	≥95	≥94	
		特重、极重交通荷载等级	0.3~1.2m	≥96	≥95	—	
		上路堤 轻、中及重交通荷载等级	0.8~1.5m	≥94	≥94	≥93	
		特重、极重交通荷载等级	1.2~1.9m	≥94	≥94	—	
		下路堤 轻、中及重交通荷载等级	>1.5m	≥93	≥92	≥90	
		特重、极重交通荷载等级	>1.9m	—	—	—	
2△	弯沉值(0.01mm)			不大于设计值			按附录J检查
3	纵断高程(mm)			+10, -20	+10, -30		水准仪:每50m测1个断面
4	宽度(mm)			符合设计要求			米尺:每50m测1处
5	平整度(mm)			≤15	≤20		3m直尺:每50m测1处×10尺
6	横坡(%)			±0.3	±0.5		水准仪:每50m测1个断面
7	边坡坡度			不陡于设计值			钢卷尺:每50m测1处

4.4 填石路基修复

4.4.1 填石路基修复应符合下列基本要求:
1 填石路基施工应逐层水平填筑,边部应码砌牢固。
2 修复的路基应与现有路基连接平顺,线形顺畅。
3 路基表面应整修平整。

4.4.2 填石路基修复实测项目应符合表4.4.2的规定。

表 4.4.2 填石路基修复实测项目

项次	检 查 项 目	规定值或允许偏差		检查方法和频率
		高速公路、一级公路	其他公路	
1△	压实ª	孔隙率满足设计要求		密度法：每50m每压实层测1处
		沉降差≤设计值		水准仪：每50m检测1个断面，每个断面检测5~9个点
2△	弯沉值(0.01mm)	符合设计要求		按附录J检查
3	纵断高程(mm)	+10，-20	+10，-30	水准仪：每50m测1个断面
4	宽度(mm)	符合设计要求		米尺：每50m测2处
5	平整度(mm)	≤20	≤30	3m直尺：每50m测1处×10尺
6	横坡(%)	±0.3	±0.5	水准仪：每50m测1个断面
7	边坡	符合设计要求，且新旧路基平顺连接		每50m抽查1处

注：ª 上下路床填土时压实度检验标准同土方路基修复。

4.4.3 填石路基修复外观质量应符合下列规定：
1 码砌石块应紧贴、密实，无明显空洞、松动现象。
2 路基边坡坡面应平顺、稳定，不得亏坡，与旧路基边坡衔接曲线应平顺。

4.5 管道铺设

4.5.1 管道铺设应符合下列基本要求：
1 管道基础的地基承载力应符合设计要求，严禁铺设在淤泥及扰动土上；管道基础选用材料及分层填筑、夯实厚度应符合设计要求；基础混凝土浇筑后应按规定养生，拆模和管道铺设时混凝土强度应达到设计要求。
2 所采用的刚性管节或柔性管材的材质、接口形式及安装方式应符合设计要求和相关的产品标准；使用前应逐节检查，不符合规定的不得使用。
3 抹带前管口应洁净，管口表面应平整密实，无裂缝现象；抹带后应及时覆盖养生。
4 管底坡度应符合设计要求；管内不得有泥土、砖石、砂浆等杂物。
5 设计中要求防渗漏的排水管应按现行《给水排水管道工程施工及验收规范》（GB 50268）的相关规定进行闭水试验或闭气试验。
6 回填土时沟槽内应无积水，回填料及分层回填、夯实的层厚应符合设计要求。

4.5.2 管道铺设实测项目应符合表4.5.2的规定。

表4.5.2 管道铺设实测项目

项次	检查项目		规定值或允许偏差	检查方法和频率
1△	混凝土或砂浆强度(MPa)		符合设计要求	按附录D或附录F检查
2	基础厚度(mm)		不小于设计值	钢卷尺：每两井之间每侧测2处
3	基础宽度(mm)		+15，0	钢卷尺：每两井之间每侧测2处
4	基础高程(mm)		0，−15	水准仪：每两井之间测2处
5	管轴线偏位(mm)		≤20	经纬仪或挂中线、钢卷尺：每两井之间测2处
6△	进出水口管内底高程(mm)		±10	水准仪：每井测两侧进出水口
7	沟槽回填压实度（%）	刚性管道 管道两侧	≥90	按T0923：两井之间每层每侧测1组(3点)
		刚性管道 管顶以上500mm内	符合设计要求，且≥85	
		柔性管道 管道两侧	≥90	
		柔性管道 管顶以上500mm内	符合设计要求，且≥83	

注：项次7适用于路堤范围内，管道两侧和管顶以上500mm内的压实度，除设计要求用重型击实标准外，均用轻型击实标准。柔性管道的管底至管顶以上500mm范围内，应采用人工回填、轻型压实设备夯实；回填中、粗砂时应适量洒水，分层(厚度≤200mm)对称填筑、夯实、整平。对管顶以上500mm内，但已进入路床区的回填部分，压实度应符合公路路基压实度的标准或采取其他技术措施。

4.5.3 管道铺设外观质量应符合下列规定：

1 混凝土表面应平整密实；蜂窝、麻面、小气孔、裂纹、石子外露和缺边掉角等缺陷面积不得超过构件同一侧表面积的5%，深度不得超过10mm。

2 管道铺设应直顺，管节应垫稳。

3 管节接口处理应保持均匀，管口内缝砂浆和抹带接口不得有间断和空鼓。

4.6 检查(雨水)井整修、增设

4.6.1 检查(雨水)井整修、增设应符合下列基本要求：

1 砌筑井体时，井基混凝土强度应达到设计要求。

2 砌筑砂浆所用的原材料和配合比应符合设计要求。井壁砂浆应饱满，灰缝应平整，抹面应密实光洁，踏步应安装牢固。

3 连管线形应挺直、顺坡、不错口，腰箍不得裂缝、空鼓，管口应与井壁齐平。

4 检查井的井框、井盖应符合设计要求和相关的产品标准；井壁不得渗水，井口周围不得有积水。

4.6.2 检查(雨水)井整修、增设实测项目应符合表4.6.2的规定。

表4.6.2 检查(雨水)井整修、增设实测项目

项次	检 查 项 目			规定值或允许偏差	检查方法和频率
1△	砂浆或混凝土强度(MPa)			符合设计要求	按附录F或附录D检查
2	井框与相邻路面高差 (mm)		检查井	+4,0	水平尺、塞尺:每座井测1处
			雨水井	0,−4	
3	井框顶面高程(mm)			±20	水准仪:逐井检查
4	井内尺寸(mm)			+20,0	钢卷尺:每座井长、宽各测1处
5	井位偏位 (mm)	检查井	垂直轴向	≤25	经纬仪、钢卷尺:逐井检查
			沿轴向	≤50	
		雨水进水口		≤50	
6	井底高程(mm)			+10,−20	水准仪:逐井检查

4.6.3 检查(雨水)井整修、增设外观质量应符合下列规定:
1 井内砂浆抹面应无裂缝;井框、井盖应完整无损、无松动。
2 井内不得有剩余砂浆或其他杂物;井口周围不得有积水。

4.7 土沟整修、增设

4.7.1 土沟整修、增设应符合下列基本要求:
1 土沟边坡应平整、稳定,严禁贴坡。
2 沟底应平顺密实、排水畅通。

4.7.2 土沟整修、增设实测项目应符合表4.7.2的规定。

表4.7.2 土沟整修、增设实测项目

项次	检 查 项 目	规定值或允许偏差	检查方法和频率
1	沟底高程(mm)	0,−30	水准仪:每100m测2处
2	断面尺寸(mm)	不小于设计值	钢卷尺:每100m测1处
3	边坡坡度	不陡于设计值	坡度尺:每100m测1处
4	边棱直顺度(mm)	≤50	20m拉线、钢直尺:每100m检查1处

4.7.3 土沟整修、增设外观质量应符合下列规定:
1 沟底应无明显凹凸不平或阻水现象。
2 不得有松散土和其他杂物。

4.8 砌筑排水沟整修、增设

4.8.1 砌筑排水沟整修、增设应符合下列基本要求：

1 石料或混凝土预制构件的强度、质量应符合设计要求和现行《公路圬工桥涵设计规范》（JTG D61）的相关规定。

2 混凝土和砌体砂浆所用的原材料应符合设计要求。

3 基础、沟体断面形式，压顶、沉降缝和盖板的形式应符合设计要求。

4.8.2 砌筑排水沟整修、增设实测项目应符合表4.8.2的规定。

表 4.8.2 砌筑排水沟整修、增设实测项目

项次	检 查 项 目	规定值或允许偏差	检查方法和频率
1△	砂浆或混凝土强度（MPa）	符合设计要求	按附录F或附录D检查
2	轴线偏位（mm）	≤60	钢卷尺：每100m测2处
3	沟底高程（mm）	+10，−20	水准仪：每100m测2处
4	墙面直顺度（mm）	≤30	20m拉线、钢直尺：每100m测2处
5	墙面坡度	不陡于设计值	坡度尺：每100m测2处
6	断面尺寸（mm）	±30	钢卷尺：每100m测1处
7△	铺砌厚度（mm）	不小于设计值	钢卷尺：每100m测1处
8	基础垫层宽、厚度（mm）	不小于设计值	钢卷尺：每100m测1处

4.8.3 砌筑排水沟整修、增设外观质量应符合下列规定：

1 砌缝应均匀、密实；砌体抹面应平整，不得有空鼓现象。

2 砌体内侧及沟底应平整、直顺，沟顶不得高于周边地平面；沟底不得有杂物、阻水现象。

3 盖板应安放平稳，盖板间隙应均匀。

4.9 急流槽和跌水整修、增设

4.9.1 急流槽和跌水整修、增设应符合下列基本要求：

1 急流槽、跌水的断面形式和阻水设施形式、尺寸、数量、设置位置应符合设计要求。

2 石料或混凝土预制构件的强度、质量应符合设计要求和现行《公路圬工桥涵设计规范》（JTG D61）的相关规定。

3 混凝土和砌体砂浆所用的原材料和配合比以及基础（或垫层）材料应符合设计要求。

4.9.2 急流槽和跌水整修、增设实测项目应符合表4.9.2的规定。

表4.9.2 急流槽和跌水整修、增设实测项目

项次	检查项目	规定值或允许偏差	检查方法和频率
1△	砂浆或混凝土强度（MPa）	符合设计要求	按附录F或附录D检查
2	断面尺寸（mm）	±30	钢卷尺：每条测2处
3	边坡坡度	不陡于设计值	坡度尺：每条测2处
4	槽底及上口顺直度（mm）	≤20	10m拉线、钢直尺：每条测2处
5	砌筑厚度（mm）	不小于设计值	钢卷尺：每条测2处

注：混凝土强度适用于整体浇筑的急流槽、跌水；砂浆强度适用于砌筑的急流槽、跌水。

4.9.3 急流槽和跌水整修、增设外观质量应符合下列规定：

1 槽体砌缝应均匀、密实；槽体抹面应平整，不得有空鼓现象。

2 槽体内侧及沟底应平整、直顺，槽底不得有杂物。

4.10 盲沟整修、增设

4.10.1 盲沟整修、增设应符合下列基本要求：

1 盲沟的断面结构、设置位置应符合设计要求；所用土工材料的规格、质量应符合设计要求和现行《公路路基施工技术规范》（JTG/T 3610）的相关规定。

2 反滤层应采用洁净、坚硬、不易风化，并经筛选过的中、粗砂或砾石；粒料反滤层应分层填筑。

3 排水层应采用洁净、坚硬、不易风化，并经筛选过的碎、砾石；排水性能应符合设计要求。

4.10.2 盲沟整修、增设实测项目应符合表4.10.2的规定。

表4.10.2 盲沟整修、增设实测项目

项次	检查项目	规定值或允许偏差	检查方法和频率
1	沟底高程（mm）	±15	水准仪：每20m测1处
2	断面尺寸（mm）	不小于设计值	钢卷尺：每20m测1处

4.10.3 盲沟整修、增设外观质量应符合下列规定：

1 反滤层应层次分明。

2 进出水口应排水通畅。

4.11　泄水孔整修、增设

4.11.1　泄水孔整修、增设应符合下列基本要求：

1　所用材料的种类、型号、规格、强度和质量应符合设计要求。

2　孔位的布置位置、设置间距、钻孔深度、孔径和仰斜坡度等应符合设计要求。

3　泄水管铺设应平顺、稳固，连接应正确、牢固，进（渗）水孔的大小和间距、管底坡度、铺设深度应符合设计要求。

4　如有滤层，应回填密实，且滤层材料粒径级配应符合设计要求。

4.11.2　泄水孔整修、增设实测项目应符合表 4.11.2 的规定。

表 4.11.2　泄水孔整修、增设实测项目

项次	检查项目	规定值或允许偏差	检查方法和频率
1△	排水管长度（mm）	符合设计要求	钢卷尺：抽检 20%
2	间距（cm）	±10	钢卷尺：抽查 10%
3	孔深（mm）	不小于设计值	钢卷尺：抽查 10%
4	孔径（mm）	不小于设计值	钢卷尺：抽查 10%
5	仰斜坡度（%）	符合设计要求（或 ±1）	坡度尺：抽查 10%

4.11.3　泄水孔整修、增设外观质量应符合下列规定：

1　泄水孔坡度应向外；出水口应牢固整齐。

2　排水应通畅，应无浊水、堵塞现象。

4.12　砌体挡土墙修复

4.12.1　砌体挡土墙修复应符合下列基本要求：

1　修复前，应完全清除已松动挡土墙砌体。

2　石料或混凝土预制块的强度、规格和质量应符合有关规范和设计要求。

3　砂浆所用的水泥、砂、水的质量应符合有关规范的要求，按规定的配合比施工。

4　地基承载力应满足设计要求，基础埋置深度应满足设计规范要求。

5　砌筑应分层错缝。浆砌时坐浆挤紧，嵌填饱满密实，不得有空洞；干砌时不得出现松动、叠砌和浮塞。

6　沉降缝、泄水孔、反滤层的设置位置、质量和数量应符合设计要求，新旧挡土墙应结合平顺。

4.12.2　砌体挡土墙修复实测项目应符合表 4.12.2 的规定。

表 4.12.2 砌体挡土墙修复实测项目

项次	检查项目		规定值或允许偏差	检查方法和频率
1△	砂浆强度（MPa）		在合格标准内	按附录 F 检查
2	墙面坡度（%）	片石或块石	≤0.5	吊垂线：每 10m 检查 2 点
		片石混凝土	≤0.3	
3	表面平整度（mm）	块石	≤20	2m 直尺：每 10m 量 3 处，每处检查竖直和水平 2 个方向
		片石	≤30	
		混凝土预制块、料石	≤10	
4	平面位置(mm)		≤50	经纬仪：每处检查墙顶外边线 3 点
5△	断面尺寸(mm)		不小于设计值	尺量：每处量 2 个断面
6	顶面高程(mm)		±20	水准仪：每 20m 检查 2 处

4.12.3 砌体挡土墙修复外观质量应符合下列规定：

1 砌体表面应平整，砌缝应完好、无开裂现象，勾缝应平顺、无脱落现象。

2 泄水孔应无反坡、堵塞现象。

3 沉降缝应整齐垂直，上下贯通。

4 新砌部分与原挡墙应接缝平顺、圆滑。

4.13 护面墙修复

4.13.1 护面墙修复应符合下列基本要求：

1 修复前应将已损坏的墙体包括墙背脱空砌体完全拆除。

2 拆除旧墙后如坡面存在松软或缺土现象，应换土填坡，护面坡的坡度、密度、填土厚度均应符合设计要求。

3 石料强度和规格应符合规范要求。

4 砂浆所用水泥、砂、水的质量应符合规范要求。

5 砌筑应分层错缝，砂浆饱满，不得有空洞。

6 沉降缝、泄水孔、反滤层的设置位置、质量和数量应符合设计要求，新旧结合应平顺稳固。

4.13.2 护面墙修复实测项目应符合表 4.13.2 的规定。

表 4.13.2 护面墙修复实测项目

项次	检 查 项 目		规定值或允许偏差	检查方法和频率
1△	砂浆强度（MPa）		在合格标准内	按附录 F 检查
2	平面位置（mm）		≤50	经纬仪：检查墙顶外边线 3 点
3△	断面尺寸（mm）		不小于设计值	尺量：每处修复工程测 3 处
4	底面高程（mm）		±50	水准仪：每处修复工程测 3 处
5	表面平整度（mm）	料石、块石	≤20	2m 直尺：每处修复工程测 3 处
		片石	≤30	

4.13.3 护面墙修复外观质量应符合下列规定：

1 砌体应表面平整，新旧结合应平顺牢固，勾缝应平顺饱满、无脱落现象。

2 泄水孔应无反坡、堵塞现象。

3 沉降缝应整齐垂直，上下贯通。

4.14 预应力锚杆、锚索加固

4.14.1 预应力锚杆、锚索加固应符合下列基本要求：

1 加固前应依据设计方案对旧砌体及加固面进行安全分析评估，已损坏的墙体和存在隐患的部分应完全拆除。

2 拆除旧墙体时应遵循边拆边恢复的原则，不得采用大面积拆除、一次性恢复的施工工序。

3 挡墙加固采用预应力锚杆、锚索框架结构时，墙面修复应符合设计要求。

4 所用材料的种类、型号、规格、数量和质量必须符合有关规范及设计要求。

5 锚孔的位置、方向、孔径、深度等应符合设计要求。

6 注浆的工艺、工序应符合有关规范及设计要求。

7 现浇钢筋混凝土框架时，应保证护坡坡面平整、梁底密实，无溜滑体、蠕滑体和松动岩石。

4.14.2 预应力锚杆、锚索加固实测项目、外观质量应符合现行《公路工程质量检验评定标准 第一册 土建工程》（JTG F80/1）的有关规定。

4.15 锥、护坡修复

4.15.1 锥、护坡修复应符合下列基本要求：

1 修复前应先将已损坏的部分完全拆除，同时对原有坡面进行补土修复并夯实。

2 修复时应严格控制新旧结合处的砌筑质量，新旧砌体应密实，砂浆饱满。

3 石料质量、规格应符合有关规定。砂浆所用水泥、砂、水的质量应符合有关规范的要求，按规定的配合比施工。

4 锥、护坡基础埋置深度及地基承载力应符合设计要求。

5 砌体应咬扣紧密，嵌缝应饱满密实。

6 锥、护坡填土密实度应达到设计要求，坡面刷坡整平后方可铺砌。

4.15.2 锥、护坡修复实测项目应符合表4.15.2的规定。

表4.15.2 锥、护坡修复实测项目

项次	检查项目	规定值或允许偏差	检查方法和频率
1△	砂浆强度（MPa）	在合格标准内	按附录F检查
2	顶面高程（mm）	±50	水准仪：每50m检查3点，不足50m时至少2点
3	表面平整度（mm）	≤30	2m直尺：锥坡检查3处，护坡每50m检查3处
4	坡度	不陡于设计值	坡度尺量：每50m量3处
5△	厚度（mm）	不小于设计值	尺量：每50m检查3处
6	底面高程（mm）	±50	水准仪：每50m检查3点

4.15.3 锥、护坡修复外观质量应符合下列规定：

1 修复后的锥、护坡应表面平整，无垂直通缝。

2 修复后的锥、护坡应勾缝平顺，无脱落现象。

4.16 边坡锚喷防护

4.16.1 边坡锚喷防护应符合下列基本要求：

1 锚杆、钢筋和土工格栅的强度、数量、质量和规格必须符合设计和有关规范的要求。

2 混凝土及砂浆所用水泥、砂、石、水和外掺剂必须符合有关规范的要求，按规定的配合比施工。

3 边坡坡度、坡面应符合设计要求。岩面应无风化、无浮石，喷射前必须用水冲洗。

4 钢筋应清除污锈，钢筋网与锚杆或其他锚固装置应连接牢固，喷射时钢筋不得晃动，保护层厚度不应小于20mm。

5 锚杆插入锚孔深度不得小于设计长度的95%，孔内砂浆应密实、饱满，锚杆孔深应至少大于锚固长度20mm。

6 喷射前应做好排水设施，对个别漏水空洞的缝隙应采取堵水措施。

7 钢筋、土工格栅或锚杆不得外露，混凝土不得开裂脱落。

4.16.2 边坡锚喷防护实测项目应符合表 4.16.2 的规定。

表 4.16.2 边坡锚喷防护实测项目

项次	检查项目	规定值或允许偏差	检查方法和频率
1△	混凝土强度（MPa）	在合格标准内	按附录 E 检查
2△	砂浆强度（MPa）	在合格标准内	按附录 F 检查
3	锚孔深度（mm）	不小于设计值	尺量：抽查 10%
4	锚杆（索）间距（mm）	±100	尺量：抽查 10%
5△	锚杆拔力（kN）	拔力平均值≥设计值，最小拔力≥0.9 设计值	拔力试验：锚杆数的 1%，且不少于 3 根
6	喷层厚度（mm）	平均厚度≥设计厚度，60% 检查点的厚度≥设计厚度，最小厚度≥0.5 设计厚度，且不小于设计值	尺量（凿孔）或雷达断面仪：每 10m 检查 1 个断面，每 3m 检查 1 点
7△	锚索张拉应力（MPa）	符合设计要求	油压表：每索由读数反算
8	张拉伸长率（%）	符合设计要求，设计未要求时 ±6	尺量：每索
9	断丝、滑丝数	每束 1 根，且每断面不超过钢丝总数的 1%	目测：逐根（束）检查

注：实际工程中未涉及的项目不参与评定。

4.16.3 边坡锚喷防护外观质量应符合下列规定：
1 混凝土应表面密实，不得有突变。
2 应与原表面结合紧密，不应起鼓。

4.17 边坡框架梁加注浆锚杆防护

4.17.1 边坡框架梁加注浆锚杆防护应符合下列基本要求：
1 应按设计要求的程序施工，结合面的处理、混凝土的浇筑和养生应符合设计要求。
2 原构件裂缝应压浆封闭处理，其他缺陷部分应按设计要求修复。
3 锚杆插入锚孔深度不得小于设计长度。
4 注浆锚杆的灌浆强度应不小于设计和规范要求，锚杆孔内灌浆应密实、饱满。
5 锚杆垫板应满足设计要求，紧贴框架梁，不平时应用 M10 砂浆填平。
6 钢筋、锚杆不得外露，混凝土不得开裂脱落。

4.17.2 边坡框架梁加注浆锚杆防护实测项目应符合表 4.17.2 的规定。

表 4.17.2 边坡框架梁加注浆锚杆防护实测项目

项次	检 查 项 目		规定值或允许偏差	检查方法和频率
1△	混凝土强度(MPa)		在合格标准内	按附录 D 检查
2△	锚杆	数量(根)	不少于设计值	全部检查
		拔力(kN)	拔力平均值≥设计值,最小拔力≥0.9 设计值	拔力试验:抽查锚杆数的 1%,且不小于 3 根
3	锚孔	深度(mm)	不小于设计值	钢卷尺:抽查 30%
		孔位(mm)	±20	
4	框架梁	位置(mm)	≤20	钢卷尺:抽查 30%
		断面尺寸(mm)	0,+20	钢卷尺:每 10m 检查 3 个断面
5	锚杆垫板		与框架梁紧贴	目测:抽查锚杆数的 50%

4.17.3 边坡框架梁加注浆锚杆防护外观质量应符合下列规定:

1 锚头应封闭密实、牢固,整齐美观。

2 框架梁表面应平整,无蜂窝、麻面。

5 路面养护工程

5.1 一般规定

5.1.1 路面加铺、罩面前应按规范和设计要求对下承层病害进行处治，对施工作业面进行清理，保证施工作业面干燥、清洁。

5.1.2 路面养护工程应在符合规范要求的气象条件下施工。

5.1.3 水泥混凝土路面上加铺沥青面层，以及使用厂拌热再生混合料铺筑面层时应按本标准第5.2节检验。垫层应按相同材料的底基层检验。透层、黏层和封层的基本要求应符合本标准第5.4.1条的有关规定。无机结合料冷再生混合料铺筑的基层或底基层，应按相同结合料的基层或底基层检验。

5.2 加铺或铣刨重铺沥青混凝土面层

5.2.1 加铺或铣刨重铺沥青混凝土面层应符合下列基本要求：

1 各类原材料的质量，包括使用厂拌热再生时沥青混合料回收料(RAP)及再生剂的质量应满足规范和设计要求。沥青含量、矿料级配等沥青混合料质量指标应满足规范和设计要求。

2 应按设计进行路面铣刨或挖除。分层铣刨时路槽侧面应做成台阶。铣刨或挖除后的路槽应清理干净，无松散、夹层。铣刨或挖除的路面废料应妥善堆放和处理。桥面铣刨时不得伤及桥面铺装钢筋，有伸缩缝处不得铣刨。

3 铣刨或挖除后路槽上的裂缝、坑槽、松散等局部病害应按设计进行处理。

4 应按设计和现行《公路沥青路面施工技术规范》(JTG F40)的规定进行黏层、封层等层间黏结施工。

5 应严格控制沥青混合料拌和温度。沥青混合料应拌和均匀，无花白，无粗细料分离和结团成块现象。

6 应严格控制摊铺和碾压温度，加强边部和接缝处碾压，按规定工艺将摊铺的沥青混合料碾压至要求的压实度。多层摊铺时，上层摊铺之前应保持下层整洁，不得污染。

7 路面应完成压实并冷却至表面温度低于50℃后方可开放交通或在路面上进行其他作业。

8 路面横坡应能保证路面横向排水顺畅，且不得出现反坡。单车道施工的路面横坡应与整幅路面横坡相协调，且不得出现反坡。

5.2.2 加铺或铣刨重铺沥青混凝土面层实测项目应符合表 5.2.2 的规定。

表 5.2.2 加铺或铣刨重铺沥青混凝土面层实测项目

项次	检查项目		规定值或允许偏差			检查方法和频率
			高速公路、一级公路		其他公路	
			多层施工	单层施工		
1△	压实度ᵃ（%）		≥试验室标准密度的 96%（＊98%） ≥最大理论密度的 92%（＊94%） ≥试验段密度的 98%（＊99%）			按附录 B 检查
2	平整度ᵇ	σ（mm）	≤1.2	≤1.3	≤2.5	平整度仪：全程每车道施工段连续，按每 100m 计算 σ 或 IRI
		IRI（m/km）	≤2.0	≤2.2	≤4.2	
		最大间隙 h（mm）	—	—	≤5.0	3m 直尺：每 100m 测 1 处×5 尺
3△	厚度ᶜ（mm）	平均值	总厚度不小于设计值			按附录 H 检查
		合格值	总厚度： −10%H 上面层： −20%h	−20%h	−20%H	按附录 H 检查
4	宽度（mm）		不小于设计值			钢卷尺：每 100m 测 2 个断面
5	渗水系数（mL/min）		符合设计要求			渗水试验仪：每 1 500m² 测 1 处
6	抗滑	摩擦系数	符合设计要求		—	摆式仪：每 1 500m² 测 1 处 横向力系数车：按附录 L 检查
		构造深度（mm）				铺砂法：每 1 500m² 测 1 处
7	横坡ᵈ（%）		符合设计要求			水准仪：每 100m 测 1 个断面
8	弯沉值ᵈ（0.01mm）		不大于设计值			按附录 J 检查
9	纵断高程ᵈ（mm）		±15	±20		水准仪：每 100m 测 2 个断面
10△	沥青含量（%）		满足生产配合比要求			T0722、T0721、T0735，每台班 1 次
11	马歇尔稳定度		满足生产配合比要求			T0709，每台班 1 次

注：ᵃ表内压实度，高速公路、一级公路应选用 2 个标准评定，以合格率低的作为评定结果；其他公路选用 1 个标准进行评定。带 ＊ 者是指沥青玛琋脂碎石（SMA）路面。

ᵇ表内 σ 为平整度仪测定的标准差；IRI 为国际平整度指标；h 为 3m 直尺与面层的最大间隙。表中平整度在顶层检测，任选 1 个标准评定。

ᶜ表中厚度仅规定负允许偏差。H 为沥青层总厚度，h 为沥青上面层厚度。其他公路厚度合格值按总厚度 H 计，H≤60mm 时合格值允许偏差为 −10mm，H＞60mm 时合格值允许偏差为 −20%H。

ᵈ根据设计要求确定是否实测弯沉值、横坡、纵断高程指标。

5.2.3 加铺或铣刨重铺沥青混凝土面层外观质量应符合下列规定：

1 表面应平整密实，泛油、松散、脱皮、坑槽、粗细料明显离析、明显碾压轮迹等的累计长度不应超过100m。

2 接缝处应紧密、平顺，烫缝应无枯焦。

3 路面与路缘石应密贴接顺。

5.3 微表处和稀浆封层

5.3.1 微表处和稀浆封层应符合下列基本要求：

1 原材料及混合料质量应满足设计和规范要求。

2 原路面技术状况应满足设计要求。

3 应采用工程实际使用的材料对摊铺机进行标定，确定摊铺机料门、乳化沥青泵等的设定值。当（改性）乳化沥青蒸发残留物含量、矿料含水率等发生变化时，应根据标定结果及时调整摊铺机各项设定。

4 混合料在摊铺过程中应保持良好的稀浆状态，不得有破乳结团现象。

5 开放交通或进行下一步工序施工前，混合料初期强度应满足要求。

5.3.2 微表处和稀浆封层实测项目应符合表5.3.2的规定。

表5.3.2 微表处和稀浆封层实测项目

项次	检 查 项 目		规定值或允许偏差		检查方法和频率
			高速公路、一级公路	其他公路	
1	厚度（mm）	平均值	不小于设计值		按附录H检查
		合格值	$-10\%h$		
2△	渗水系数（mL/min）		符合设计要求		渗水试验仪：每1500m² 测1处
3	接缝高差（mm）	纵向接缝	≤6		3m直尺、塞尺：每100m测1处
		横向接缝			3m直尺、塞尺：逐条横缝检查，每条缝测1处
4	抗滑	摩擦系数	符合设计要求	—	摆式仪：每1500m² 测1处 横向力系数车：按附录L，全程连续
		构造深度（mm）			铺砂法：每1500m² 测1处
5	宽度（mm）		不小于设计值		钢卷尺：每100m测1处
6△	沥青用量（%）		满足生产配合比要求		T0722、T0735：每个工作日检查1次
7	湿轮磨耗值（g/m²）	浸水1h	微表处：540 稀浆封层：800		T0752：每个工作日检查1次
		浸水6d	微表处：800 稀浆封层：—		T0752：每7个工作日检查1次

注：表中h为微表处和稀浆封层的设计厚度，$h<10$mm时合格值允许偏差为-1mm。

5.3.3 微表处和稀浆封层外观质量应符合下列规定：

1 表面应表面平整、密实、均匀，无花白料，轮迹、拖痕、泛油、松散、脱皮等的累计长度不应超过 100m。

2 纵向及横向接缝处应紧密、平整、顺直。

5.4 碎石封层

5.4.1 碎石封层应符合下列基本要求：

1 集料及结合料质量应满足设计和规范要求。

2 原路面或下承层技术状况应满足规范和设计要求。

3 集料规格应与碎石封层设计厚度和工艺相匹配，碎石封层厚度应满足设计要求。

4 沥青洒布车和集料石料撒布机应处于良好工作状态，计量系统应进行标定。

5 施工时材料洒（撒）布设备应保持速度稳定，保证整个洒（撒）布宽度内材料洒（撒）布均匀。材料温度应符合设计要求。集料应紧跟结合料撒布，集料撒布后应使用轮胎压路机紧跟碾压。

6 使用乳化沥青的，应待乳化沥青破乳、水分蒸发后方可开放交通或进行下一工序施工。

7 集料应与原路面或下承层黏结牢固。用于表面磨耗层时，集料应嵌挤密实；用于防水黏结层时，集料覆盖率应满足设计要求。

5.4.2 碎石封层实测项目应符合表 5.4.2 的规定。

表 5.4.2 碎石封层实测项目

项次	检 查 项 目		规定值或允许偏差	检查方法和频率
1△	结合料洒布量（kg/m²）		设计值 ±0.2	T0982：每工作日每层洒布检查 1 次
2	结合料洒布温度（℃）		设计洒布温度 ±10	温度计：每车结合料检查 1 次
2	集料撒布量（kg/m²）		设计值 ±0.5	T0982：每工作日每层撒布检查 1 次
4	宽度（mm）	有侧石	±30	钢卷尺：每 100m 测 1 处
		无侧石	不小于设计值	

注：表中结合料包括普通石油沥青、聚合物改性沥青、乳化沥青、稀释沥青等。

5.4.3 碎石封层外观质量应符合下列规定：

1 表面应平整，松散、油包、油丁、泛油、剥落、封面料明显散失等的累计长度不应超过 100m。

2 接缝应整齐、平顺。

5.5 就地热再生

5.5.1 就地热再生应符合下列基本要求：

1 原路面技术状况应满足规范和设计要求。原路面标线、突起路标、灌封胶等应按设计要求进行处理。

2 原路面应在不造成沥青过度老化的前提下充分加热，翻松裸露面温度、再生混合料摊铺温度应满足设计和规范要求，路面加热宽度应大于翻松宽度。

3 路面翻松深度和翻松速度应保持稳定，再生混合料应拌和均匀。

4 应将再生路面碾压至要求的压实度。开放交通前路表温度应低于50℃。

5 再生混合料的沥青含量、矿料级配、马歇尔稳定度指标应满足生产配合比要求。

5.5.2 就地热再生实测项目应符合表5.5.2的规定。

表5.5.2 就地热再生实测项目

项次	检 查 项 目		规定值或允许偏差		检查方法和频率
			高速公路、一级公路	其他公路	
1△	压实度（%）		≥最大理论密度的93%		按附录B检查
2	平整度	σ（mm）	≤1.5	≤2.5	T0932：全程每车道施工段连续，按每100m施工段计算σ
		IRI（m/km）	≤2.5	≤4.2	T0934：全程每车道施工段连续，按每100m施工段计算IRI
3	再生宽度（mm）		不小于设计宽度		T0911：每100m测1个断面
4	再生层、加铺层厚度（mm）	平均值	不小于设计厚度		按附录H检查
		合格值	−5，+10		
5	接缝处高差（mm）		≤3		3m直尺：每200m测1处
6	渗水系数（mL/min）		符合设计要求		渗水试验仪：每1 500m² 测1处
7	抗滑	摩擦系数	符合设计要求	—	摆式仪：每1 500m² 测1处；横向力系数车：按附录L，全程连续
		构造深度（mm）			铺砂法：每1 500m² 测1处

5.5.3 就地热再生外观质量应符合下列规定：

1 表面应平整密实，泛油、松散、裂缝、粗细料明显离析等的累计长度不应超过100m。

2 路面应无积水。

3 接缝处应紧密、平顺。

5.6 含砂雾封层

5.6.1 含砂雾封层应符合下列基本要求：

1 含砂雾封层材料质量应满足设计和规范要求。

2 洒布车应处于良好工作状态，计量系统应进行标定。

3 洒布车应保持稳定的行驶速度，保证喷洒均匀。

4 开放交通时含砂雾封层应已干燥。

5 含砂雾封层后的路面抗滑性能应不低于原路面。

5.6.2 含砂雾封层实测项目应符合表 5.6.2 的规定。

表 5.6.2 含砂雾封层实测项目

项次	检查项目		规定值或允许偏差	检查方法和频率
1△	渗水系数(mL/min)		≤10	渗水试验仪：每1500m² 测1处
2△	抗滑	摩擦系数	符合设计要求	摆式仪：每1500m² 测1处 或按附录L全程连续
		构造深度(mm)		铺砂法：每200m 测1处
3△	洒布量(kg/m²)		±0.1	T0982：每工作日每层洒布检查1次
4	宽度(mm)		±30	钢卷尺：每100m 测1处

5.6.3 含砂雾封层外观质量应符合下列规定：

1 表面应均匀一致，流淌、露白、条痕、泛油、油斑等的累计长度不应超过100m。

2 侧缘及纵向接缝处应顺直、美观，无多洒、漏洒。

3 含砂雾封层材料不得污染沿线护栏、伸缩缝、路面标线等设施和构造物。

5.7 沥青路面局部挖补

5.7.1 沥青路面局部挖补应符合下列基本要求：

1 原材料和沥青混合料质量应满足设计和规范要求。

2 沥青路面开挖或铣刨的外缘应超出病害外缘，开挖或铣刨后发现的下承层病害应按设计要求进行处理。采用两层及以上材料填补时，开挖或铣刨的边缘应做成台阶状。

3 铣刨槽的四壁和底面应按设计涂刷黏结沥青。

4 混合料摊铺时应避免离析。应保证混合料摊铺温度和碾压温度。应加强边部和接缝处碾压，应按规定的压实工艺将摊铺的混合料碾压至要求的压实度。分层摊铺时，应在上层摊铺前保持下层整洁，不得污染。

5.7.2 沥青路面局部挖补实测项目应符合表5.7.2的规定。

表5.7.2 沥青路面局部挖补实测项目

项次	检 查 项 目		规定值或允许偏差		检查方法和频率
			高速公路、一级公路	其他公路	
1	铣刨槽几何尺寸(mm)	宽度	不小于设计值		尺量：逐处检查，每处检查2点
		深度			
2△	压实度ª(%)		≥试验室标准密度的95% ≥最大理论密度的91% ≥试验段密度的97%		按附录B检查
3	接缝处高差 (mm)		+3，0	+5，0	尺量：骑缝检测，逐处检查，每处检查2点
4	平整度	最大间隙 h^b(mm)	≤3.0	≤5.0	3m 直尺：逐处检查，每5m测1尺
5	接缝顺直度(mm/m)		≤10	≤15	拉线、钢直尺：逐处检查

注：ª表内压实度，任选用1个标准进行评定。
 ᵇ长度小于3m 的局部挖补不实测平整度。

5.7.3 沥青路面局部挖补外观质量应符合下列规定：

1 路面开挖应为矩形，轮廓线应顺直，铣刨或开挖后的路槽应清理干净，表面平整、坚实，无杂物、油污、夹层、松散、积水现象。

2 挖补后的路面应平整密实，无泛油、松散。挖补后的路面应略高于开挖线周围路面。

3 挖补后的路面与周边路面应连接紧密，不得有渗水现象。

5.8 沥青路面开槽灌缝

5.8.1 沥青路面开槽灌缝应符合下列基本要求：

1 灌缝材料质量应满足设计和规范要求。

2 开槽应与裂缝吻合，槽壁不应有松散、啃边等现象，槽内尘土、杂物应清除干净。

3 灌缝前，裂缝及周边区域应保持干燥。

4 灌缝材料应在规定的材料温度下使用。

5 灌缝材料应与路面黏结牢固。

5.8.2 沥青路面开槽灌缝实测项目应符合表5.8.2的规定。

表5.8.2 沥青路面开槽灌缝实测项目

项次	检查项目	规定值或允许偏差	检查方法和频率
1	开槽深度（mm）	+5，−3	尺量：逐处检查，每处裂缝测3点取平均值
2	开槽宽度（mm）	+5，−3	尺量：逐处检查，每处裂缝测3点取平均值
3	灌缝材料与路面高差（mm）	不大于设计值	尺量：逐处检查，每处裂缝测3点取平均值

5.8.3 沥青路面开槽灌缝外观质量应符合下列规定：

1 灌缝材料应填充饱满，与路面基本平齐。

2 灌缝材料溢出、污染路面、被车辆卷走、脱落等的累计长度不得超过灌缝总长度的3%。

5.9 加铺水泥混凝土面层

5.9.1 加铺水泥混凝土面层应符合下列基本要求：

1 原材料及水泥混凝土质量应满足设计和规范要求。

2 下承层质量应满足设计要求，表面清洁、无浮土。

3 接缝内杂物应清除干净，并灌入符合要求的接缝材料。

4 分离式加铺层应保证隔离层施工质量。结合式加铺层，旧面板表面应按设计做凿毛等处理，保证层间结合面平整、密实、粗糙。

5 接缝的位置、规格、尺寸及传力杆、拉力杆的设置应满足设计要求。

6 加铺层铺筑后应按要求进行养生。

5.9.2 加铺水泥混凝土面层实测项目应符合表5.9.2的规定。

表5.9.2 加铺水泥混凝土面层实测项目

项次	检查项目		规定值或允许偏差		检查方法和频率
			高速公路、一级公路	其他公路	
1△	弯拉强度（MPa）		在合格标准内		按附录C检查
2△	板厚度	平均值（mm）	−5		按附录H检查
		合格值（mm）	−15		
3	平整度	σ（mm）	≤1.32	≤2.0	平整度仪：全程每车道施工段连续，按每100m施工段计算 σ 或 IRI
		IRI	≤2.2	≤3.3	
		最大间隙 h（mm）	≤3	≤5	3m 直尺：单向每100m施工长度测1处×10尺

续表 5.9.2

项次	检 查 项 目	规定值或允许偏差		检查方法和频率
		高速公路、一级公路	其他公路	
4	构造深度(mm)	符合设计要求		铺砂法：每1 500m² 测1处
5	横向力系数SFC	符合设计要求		横向力系数测试车：60km/h±1km/h 车速下连续检测 摆式仪：每1 500m² 测1处
6	相邻板高差(mm)	≤2.0	≤3.0	钢直尺：每条胀缝测2处；每100m施工长度抽检纵、横缝各1条，每条测2处
7	纵、横缝顺直度(mm)	≤10		纵缝20m拉线、横缝沿板宽拉线：每100m各测2处
8	宽度(mm)	±20		钢卷尺：每100m测2处
9	纵断高程(mm)	+10，−5	+15，−5	水准仪：每100m测1个断面
10	横坡(%)	±0.15	±0.25	水准仪：每100m测1个断面

5.9.3 加铺水泥混凝土面层外观质量应符合下列规定：

1 混凝土板的断裂块数，高速公路和一级公路不得超过评定路段混凝土板总块数的0.3%，其他公路不得超过0.5%。

2 混凝土板表面脱皮、印痕、裂纹、石子外露和缺边掉角等缺陷，高速公路和一级公路不得超过受检面积的0.3%，其他公路不得超过0.4%。

3 接缝填筑应饱满密实，不得污染路面。

5.10 水泥混凝土路面换板

5.10.1 水泥混凝土路面换板应符合下列基本要求：

1 原材料及水泥混凝土质量应满足设计和规范要求。

2 旧板凿除施工不应对相邻板造成扰动和损伤。

3 基层损坏和强度不足的应按设计要求进行修复。基层表面应平整、无浮土。

4 接缝位置、规格、尺寸及传力杆、拉杆、钢筋网位置应符合设计要求。

5 新板浇筑完成后应及时养生、拉毛、切缝、灌缝、刻槽。新板应表面平整、粗糙，刻槽均匀、深度一致。

6 新旧路面应平顺连接，路面边缘应无积水。

5.10.2 水泥混凝土路面换板实测项目应符合表 5.10.2 的规定。

表 5.10.2 水泥混凝土路面换板实测项目

项次	检查项目		规定值或允许偏差		检查方法和频率
			高速公路、一级公路	其他公路	
1△	混凝土强度（MPa）		符合设计要求	符合设计要求	按附录 C 检查
2	相邻板高差（mm）	新板之间	≤2	≤3	钢直尺：骑缝检测，逐板检查，每条接缝检查 1 点
		新旧板间	≤3	≤4	
3	平整度	最大间隙 h（mm）	≤3	≤5	3m 直尺：逐板检查，每处测 1 尺
4	纵、横缝顺直度（mm）		≤10		拉线量测：逐板检查
5	构造深度（mm）		符合设计要求		铺砂法：逐板检查，每板测 1 处

5.10.3 水泥混凝土路面换板外观质量应符合下列规定：

1 混凝土板表面脱皮、印痕、裂纹、石子外露和缺边掉角等缺陷，高速公路和一级公路不得超过受检面积的 0.3%，其他公路不得超过 0.4%。

2 新板应表面平整，刻纹均匀、深度一致。

5.11 水泥混凝土路面板底注浆

5.11.1 水泥混凝土路面板底注浆应符合下列基本要求：

1 注浆材料配比和质量应满足设计和规范要求。

2 注浆孔的布设应合理，钻孔不得损坏路面板整体性。

3 注浆压力应经试压后确定或符合设计要求。

4 注浆时应严格按工艺要求进行施工，并有完整的施工记录。

5 注浆后应按设计要求进行养生。

6 注浆不得产生新的路面裂缝、局部脱空和板块超量抬升，不得堵塞路面排水系统。

5.11.2 水泥混凝土路面板底注浆实测项目应符合表 5.11.2 的规定。

表 5.11.2 水泥混凝土路面板底注浆实测项目

项次	检查项目	规定值或允许偏差	检查方法和频率
1△	水泥基注浆材料强度（MPa）	符合设计要求	按附录 F 检查
2△	压浆区空腔密实程度	芯样完整或折断面吻合	钻孔取样：每 500m² 抽检 1 孔
3	孔位偏差（mm）	±150	钢卷尺：每 500m² 抽检 1 孔

续表 5.11.2

项次	检 查 项 目	规定值或允许偏差	检查方法和频率
4	孔深（mm）	不小于设计值	钢卷尺：每 500m² 抽检 1 孔
5	板角弯沉值（0.01mm）	不大于设计值	T0951 或 T0953：逐板检查，每个板角测 1 点
6	相邻板横缝中间位置弯沉差（0.01mm）	不大于设计值	T0951 或 T0953：逐板检查，每处测 1 点
7	相邻板高差（mm）	3	钢直尺：骑缝检测，逐板检查，每块板检查 4 点

5.11.3 水泥混凝土路面板底注浆外观质量应符合下列规定：

1 注浆过的板块应与周边板块平齐，不应有松动、空鼓、唧泥。

2 钻孔处应填补至与路面平齐。

3 灌浆后残留在路面的灰浆应清理干净。

5.12 水泥混凝土路面刻槽

5.12.1 水泥混凝土路面刻槽应符合下列基本要求：

1 刻槽机具应满足设计刻槽宽度和槽间距的施工要求。

2 刻槽走向应满足设计要求。

5.12.2 水泥混凝土路面刻槽实测项目应符合表 5.12.2 的规定。

表 5.12.2 水泥混凝土路面刻槽实测项目

项次	检 查 项 目	规定值或允许偏差	检查方法和频率
1	槽宽（mm）	符合设计要求	钢直尺：每 500m² 抽检 1 条槽，每条槽随机测 3 点取平均值
2△	槽深（mm）	符合设计要求	钢直尺：每 500m² 抽检 1 条槽，每条槽随机测 3 点取平均值
3	槽间距（mm）	符合设计要求	钢卷尺：每 500m² 抽检 1 处，每处随机测 3 点取平均值
4	摩擦系数	符合设计要求	摆式仪：每 1 500m² 测 1 处 横向力系数车：按 JTG F80/1—2017 附录 L，全程连续

5.12.3 水泥混凝土路面刻槽外观质量应符合下列规定：

1 刻槽应顺直。

2 刻槽深浅、疏密应一致。

5.13 水泥混凝土路面碎石化

5.13.1 水泥混凝土路面碎石化应符合下列基本要求：

1 碎石化前的路基强度和含水率应满足设计要求，不满足要求时应按设计进行处治；路面基层应基本稳定；板体应无松散。

2 混凝土板块上存在的沥青罩面层和沥青表面修补材料应在碎石化施工前清除。

3 破碎后路面出现的局部破损坑洼，应按设计要求进行挖补找平，形成平整的表面。

4 碎石化施工不得对路幅内构造物与管线、路幅外建筑物等的结构安全构成影响。

5 路面破碎后应按要求进行碾压，并及时完成封层等层间处理。碎石化路面在加铺面层结构前不得浸水，不得开放交通。

5.13.2 水泥混凝土路面碎石化实测项目应符合表5.13.2的规定。

表5.13.2 水泥混凝土路面碎石化实测项目

项次	检 查 项 目		规定值或允许偏差	检查方法和频率
1△	回弹模量（MPa）		符合设计要求	T0943：每3 000m² 测1处
2△	碎石化粒径（mm）		符合设计要求	钢直尺：每1 500m² 测1处
3	平整度	最大间隙 h（mm）	≤25	3m 直尺：每100m 测1处×5尺
4	破碎宽度（mm）		符合设计要求	钢卷尺：每100m 测2处

5.13.3 水泥混凝土路面碎石化外观质量应符合下列规定：

1 碎石化后的路面应平整、坚实，不得有松散、不稳定等现象。

2 碎石化后的路面破碎程度应满足设计要求。

5.14 沥青碎石基层翻修

5.14.1 沥青碎石基层翻修应符合下列基本要求：

1 原材料及沥青混合料质量应满足设计和规范要求。

2 应按设计进行路面铣刨或挖除，铣刨或挖除后的路槽应清理干净，无松散、夹层。铣刨或挖除的路面废料应妥善堆放和处理。分层铣刨时铣刨槽的侧面应做成台阶状。

3 铣刨或挖除后路槽上的裂缝、坑槽、松散等局部病害应按设计进行处理。

4 应按设计和规范要求进行黏层、封层等层间黏结施工。

5 应严格控制沥青混合料拌和温度。混合料应拌和均匀，无花白，无粗细料分离和结团成块现象。

6 混合料摊铺时应避免离析。应按规定工艺将沥青混合料碾压至要求的压实度，严格控制摊铺和碾压温度。多层摊铺时，在上层摊铺之前应保持下层整洁，不得污染。

5.14.2 沥青碎石基层翻修实测项目应符合表5.14.2的规定。

表5.14.2 沥青碎石基层翻修实测项目

项次	检 查 项 目		规定值或允许偏差		检查方法和频率
			高速公路、一级公路	其他公路	
1△	压实度ᵃ（%）		≥试验室标准密度的96% ≥最大理论密度的92% ≥试验段密度的98%		按附录B检查
2	平整度	σ(mm)	≤1.5	≤2.5	平整度仪：全程每车道施工段连续，按每100m施工段计算σ
		最大间隙h (mm)	≤4.0	≤5.0	3m直尺：单向每100m施工段测1处×10尺
3△	厚度ᵇ（mm）	平均值	不小于设计值		按附录H检查
		合格值	−10%H	−15%H	按附录H检查
4	宽度（mm）	有侧限	±20	±30	钢卷尺：每100m测2个断面
		无侧限	不小于设计值		
5	纵断高程ᶜ（mm）		+5，−10	+5，−15	水准仪：每100m测2个断面
6	横坡ᶜ（%）		±0.5		水准仪：每100m测1个断面
7△	沥青含量（%）		满足生产配合比要求		T0722、T0721、T0735：每台班1次
8	马歇尔稳定度		满足生产配合比要求		T0709：每台班1次

注：ᵃ表内压实度，高速公路、一级公路应选用2个标准评定，以合格率低的作为评定结果；其他公路选用1个标准进行评定。
　　ᵇH为沥青碎石总厚度。
　　ᶜ根据设计要求确定是否实测横坡、纵断高程指标。

5.14.3 沥青碎石基层翻修外观质量应符合下列规定：

1 表面应平整密实，泛油、松散、脱皮、坑槽、粗细料明显离析、明显碾压轮迹等的累计长度不应超过100m。

2 接缝处应紧密、平顺，烫缝应无枯焦。

5.15 厂拌冷再生、就地冷再生、全深式冷再生

5.15.1 厂拌冷再生、就地冷再生、全深式冷再生应符合下列基本要求：

1 原材料和再生混合料质量应满足设计和规范要求。乳化沥青温度、沥青发泡温度、沥青的发泡率和半衰期应符合设计和规范要求。

2 下承层应满足设计要求。

3 混合料应拌和均匀，无结团、成块现象。

4 应在最佳含水率状况下碾压至要求的压实度。使用水泥类材料时碾压终了的时间不应超过水泥的终凝时间。

5 应按要求进行养生，养生时间应符合规范规定。

6 施工及养生期间应做好防排水，再生层在加铺面层结构前不得浸水。

5.15.2 厂拌冷再生、就地冷再生实测项目应符合表 5.15.2-1 的规定，全深式冷再生实测项目应符合表 5.15.2-2 的规定。

表 5.15.2-1 厂拌冷再生、就地冷再生实测项目

项次	检 查 项 目		规定值或允许偏差		检查方法和频率
			高速公路、一级公路	其他公路	
1△	压实度[a]（%）	乳化沥青再生	≥最大理论密度的87% ≥试验室标准密度的99%		按附录B检查
		泡沫沥青再生	≥试验室标准密度的99%		
2	空隙率[b]（%）		符合设计要求		T0924：基于最大理论密度，每1 500m² 检查1点
3△	厚度（mm）	平均值	符合设计要求		T0912：每1 500m² 检查1点
		合格值	±10	±15	
4	平整度[c]（标准差 σ）（mm）	厂拌冷再生	≤1.8(1.5)	≤3.0(2.8)	T0932：全程每车道施工段连续，按每100m 施工段计算 σ
		就地冷再生	≤2.0(1.8)	≤3.0(2.8)	
5	宽度（mm）		不小于设计值		T0911：每100m 测2处
6	纵断高程（mm）		符合设计要求		T0911：每100m 测1个断面
7	横坡（%）		符合设计要求		T0911：每100m 测1个断面

注：[a]无机结合料厂拌冷再生压实度按《公路工程质量检验评定标准 第一册 土建工程》（JTG F80/1—2017）第7.7节的规定执行。

[b]空隙率仅针对乳化沥青冷再生。

[c]括号内数字是针对再生层上加铺层厚度小于80mm的情况。

表 5. 15. 2-2 全深式冷再生实测项目

项次	检查项目		规定值或允许偏差		检查方法和频率
			高速公路、一级公路	其他公路	
1△	压实度（%）		≥98		按附录 B 检查
2△	厚度（mm）	平均值	符合设计要求		T0912：每 1 500m² 检查 1 点
		合格值	±15	±20	
3	平整度（标准差 σ）（mm）		≤2.0	≤3.0	T0932：全程每车道施工段连续，按每 100m 施工段计算 σ
4	宽度（mm）		不小于设计值		T0911：每 100m 测 2 处
5	纵断高程（mm）		符合设计要求		T0911：每 100m 测 1 个断面
6	横坡（%）		符合设计要求		T0911：每 100m 测 1 个断面

5. 15. 3 厂拌冷再生、就地冷再生、全深式冷再生外观质量应符合下列规定：

1 表面应平整密实，无坑洼、弹簧现象，无明显碾压轮迹。

2 施工接茬应平顺、稳定。

5.16 稳定土基层和底基层翻修

5. 16. 1 稳定土基层和底基层翻修应符合下列基本要求：

1 原材料质量应满足设计和规范要求。

2 水泥、石灰用量应按设计要求控制准确。石灰应充分消解，不得含有灰团和生石灰块。

3 路拌法施工时，路拌深度应达到层底。

4 混合料应处于最佳含水率状况下，用重型压路机碾压至要求的压实度。水泥类材料碾压终了的时间不应超过水泥的终凝时间。

5 碾压检查合格后立即覆盖或洒水养生，养生期应符合规范规定。

5. 16. 2 稳定土基层和底基层翻修实测项目应符合表 5.16.2 的规定。

表 5. 16. 2 稳定土基层和底基层翻修实测项目

项次	检查项目		规定值或允许偏差				检查方法和频率
			基层		底基层		
			高速公路、一级公路	其他公路	高速公路、一级公路	其他公路	
1△	压实度（%）	代表值	—	≥95	≥95	≥93	按附录 B 检查
		极值	—	≥91	≥91	≥89	
2	平整度（mm）		—	≤12	≤12	≤15	3m 直尺：每 100m 测 1 处×5 尺

续表 5.16.2

项次	检查项目		规定值或允许偏差				检查方法和频率
			基层		底基层		
			高速公路、一级公路	其他公路	高速公路、一级公路	其他公路	
3	宽度(mm)		符合设计要求		符合设计要求		尺量:每100m测2个断面
4△	厚度(mm)	平均值	符合设计要求		符合设计要求		按附录H检查
		合格值	—	−20	−25	−30	
5	横坡(%)		—	±0.5	±0.3	±0.5	水准仪:每100m测2个断面
6△	强度(MPa)		符合设计要求		符合设计要求		按附录G检查
7	纵断高程ª(mm)		—	+5,−20	+5,−20	+5,−25	水准仪:每100m测2个断面

注:ª根据设计要求确定是否实测纵断高程指标。

5.16.3 稳定土基层和底基层翻修外观质量应符合下列规定:

1 表面应无松散、无坑洼、无碾压轮迹。

2 施工接茬应平整、稳定。

5.17 稳定粒料基层和底基层翻修

5.17.1 稳定粒料基层和底基层翻修应符合下列基本要求:

1 原材料质量应满足设计和规范要求。

2 水泥、石灰用量应按设计要求控制准确。石灰应充分消解,不得含有灰团和生石灰块。矿渣应分解稳定,未分解渣块应予剔除。

3 路拌法施工时,路拌深度应达到层底。

4 混合料应处于最佳含水率状况下,用重型压路机碾压至要求的压实度。水泥类材料碾压终了的时间不应超过水泥的终凝时间。

5 碾压检查合格后立即覆盖或洒水养生,养生期应符合规范规定。

5.17.2 稳定粒料基层和底基层翻修实测项目应符合表 5.17.2 的规定。

表 5.17.2 稳定粒料基层和底基层翻修实测项目

项次	检查项目		规定值或允许偏差				检查方法和频率
			基层		底基层		
			高速公路、一级公路	其他公路	高速公路、一级公路	其他公路	
1△	压实度(%)	代表值	≥98	≥97	≥96	≥95	按附录B检查
		极值	≥94	≥93	≥92	≥91	

续表 5.17.2

项次	检查项目		规定值或允许偏差				检查方法和频率
			基层		底基层		
			高速公路、一级公路	其他公路	高速公路、一级公路	其他公路	
2	平整度（mm）		≤8	≤12	≤12	≤15	3m 直尺：每100m 测1 处×5 尺
3	宽度（mm）		符合设计要求		符合设计要求		尺量：每100m 测2 处
4△	厚度（mm）	平均值	符合设计要求		符合设计要求		按附录 H 检查
		合格值	−10	−20	−25	−30	
5	横坡（%）		±0.3	±0.5	±0.3	±0.5	水准仪：每100m 测2 个断面
6△	强度（MPa）		符合设计要求		符合设计要求		按附录 G 检查
7	纵断高程ª（mm）		+5，−15	+5，−20	+5，−20	+5，−25	水准仪：每100m 测2 个断面

注：ª 根据设计要求确定是否实测纵断高程指标。

5.17.3 稳定粒料基层和底基层翻修外观质量应符合下列规定：

1 表面应无松散、无坑洼、无碾压轮迹。

2 离析累计长度不应超过 100m。

5.18 级配碎石基层和底基层翻修

5.18.1 级配碎石基层和底基层翻修应符合下列基本要求：

1 碎石质量应满足设计和规范要求。

2 配料应准确。

3 塑性指数应满足设计要求。

5.18.2 级配碎石基层和底基层翻修实测项目应符合表 5.18.2 的规定。

表 5.18.2 级配碎石基层和底基层翻修实测项目

项次	检查项目		规定值或允许偏差				检查方法和频率
			基层		底基层		
			高速公路、一级公路	其他公路	高速公路、一级公路	其他公路	
1△	压实度（%）	代表值	≥98		≥96		按附录 B 检查
		极值	≥94		≥92		
2	平整度（mm）		≤8	≤12	≤12	≤15	3m 直尺：每200m 测2 处×10 尺
3	宽度（mm）		符合设计要求		符合设计要求		尺量：每200m 测4 处

续表5.18.2

项次	检查项目		规定值或允许偏差				检查方法和频率
			基层		底基层		
			高速公路、一级公路	其他公路	高速公路、一级公路	其他公路	
4△	厚度（mm）	平均值	符合设计要求		符合设计要求		按附录H检查
		合格值	－15	－20	－25	－30	
5	横坡(%)		±0.3	±0.5	±0.3	±0.5	水准仪：每200m测4个断面
6	纵断高程ᵃ（mm）		+5，－15	+5，－20	+5，－20	+5，－25	水准仪：每200m测4个断面

注：ᵃ根据设计要求确定是否实测纵断高程指标。

5.18.3 级配碎石基层和底基层翻修外观质量应符合下列规定：

1 表面应无松散、无坑洼、无碾压轮迹。

2 离析累计长度不应超过100m。

6 桥梁、涵洞养护工程

6.1 一般规定

6.1.1 桥梁、涵洞养护工程的每个结构或构件均应进行检验，另有规定的除外。

6.1.2 钢筋混凝土结构或构件均应包含钢筋加工及安装养护单元，预应力混凝土结构或构件均应包含预应力筋安装及张拉养护单元，并应按现行《公路工程质量检验评定标准 第一册 土建工程》(JTG F80/1)的相关规定进行检验。

6.1.3 注浆处治桥头跳车可按本标准第 6.30 节进行检验。

6.1.4 桥梁和涵洞结构、构件更换时，新的结构、构件应按现行《公路工程质量检验评定标准 第一册 土建工程》(JTG F80/1)的相关规定进行检验，植筋应按本标准第 6.11 节进行检验，另有规定的除外。

6.1.5 墩、台增补桩基应根据桩基的类型和成桩工艺，按现行《公路工程质量检验评定标准 第一册 土建工程》(JTG F80/1)的相关规定或按本标准第 6.26 节进行检验，并应按设计要求在施工过程中对相邻桩基的墩台进行监控。

6.1.6 喷射混凝土维修、加固应按本标准第 7.5 节进行检验。

6.1.7 桥台锥护坡、调治构造物和河床防护铺砌的修复或增设应根据构造物类型，按本标准第 4 章或现行《公路工程质量检验评定标准 第一册 土建工程》(JTG F80/1)的相关规定进行检验。

6.2 桥面铺装维修

6.2.1 桥面铺装维修应符合下列基本要求：

1 混凝土所用水泥、砂、石、水、外加剂及掺合料的品种、规格和质量应符合相关技术规范的规定并满足设计要求，按试验确定的配合比拌制。

2 沥青混合料的矿料级配、沥青和集料质量应符合相关施工技术规范的规定并满足设计要求。

3 重铺前，应按设计要求对原铺装下的主体结构缺陷、病害进行处治。

4 原桥面铺装应清理干净，清理时应避免损伤原桥主体结构，重复利用的原桥面铺装钢筋应做除锈处理。

5 铺装结合面处理及防水层应满足设计要求。

6 应控制沥青混合料拌和的加热温度，拌和后的沥青混合料应均匀，无花白，无粗细料分离和结团成块现象。

7 沥青混合料的摊铺和碾压温度、碾压工艺应符合相关施工技术规范的规定。

8 混凝土铺装浇筑后应按相关施工技术规范要求养生，接缝填料应满足设计要求，嵌填连续、密实。

9 泄水孔的进水口应略低于桥面面层，其数量和位置应满足设计要求。

6.2.2 桥面铺装维修实测项目应符合表 6.2.2-1 和表 6.2.2-2 的规定。

表 6.2.2-1 水泥混凝土桥面铺装维修实测项目

项次	检查项目		规定值或允许偏差		检查方法和频率
			高速公路、一级公路	其他公路	
1△	混凝土强度（MPa）		在合格标准内		按附录 D 检查
2	厚度（mm）		+10，−5		水准仪，以同桥面板产生相同挠度变形的点为基准点，测量桥面铺装施工前后相对高差；长度不大于 100m 时每车道测 3 处，每增加 100m 每车道增加 2 处
3	平整度	σ（mm）	≤1.3	≤2.0	平整度仪：全桥每车道连续检测，每 100m 计算 σ、IRI
		IRI（m/km）	≤2.2	≤3.3	
		最大间隙 h（mm）	3	5	3m 直尺：每 200m 测 2 处×5 尺
4	横坡（%）		±0.15	±0.25	水准仪：长度不大于 200m 时测 5 个断面，每增加 100m 增加 1 个断面
5	构造深度（mm）		0.7~1.1	0.5~0.9	铺砂法：长度不大于 200m 时测 5 处，每增加 100m 增加 1 处

注：1. 表中 σ 为平整度仪测定的标准差；IRI 为国际平整度指数；h 为 3m 直尺与面层的最大间隙。
  2. 桥面与路面同时维修时，小桥（中桥视情况）可并入路面进行检验。

表 6.2.2-2 沥青混凝土桥面铺装维修实测项目

项次	检查项目		规定值或允许偏差		检查方法和频率
			高速公路、一级公路	其他公路	
1△	压实度(%)		在合格标准内		按附录 B 检查,长度不大于 200m 时测 5 点,每增加 100m 增加 2 点
2	厚度(mm)		+10,-5		水准仪,以同桥面板产生相同挠度变形的点为基准点,测量桥面铺装施工前后相对高差:长度不大于 100m 时每车道测 3 处,每增加 100m 每车道增加 2 处
3	平整度	σ(mm)	≤1.2	≤2.5	平整度仪:全桥每车道连续检测,每 100m 计算 σ、IRI
		IRI(m/km)	≤2.0	≤4.2	
		最大间隙 h(mm)	3	5	3m 直尺:每 200m 测 2 处×5 尺
4	渗水系数(mL/min)		满足设计要求		渗水试验仪:长度不大于 200m 时测 5 处,每增加 100m 增加 1 处
5	横坡(%)		±0.3	±0.5	水准仪:长度不大于 200m 时测 5 个断面,每增加 100m 增加 1 个断面
6	构造深度(mm)		满足设计要求	—	铺砂法:长度不大于 200m 时测 5 处,每增加 100m 增加 1 处

注:1. 表中 σ 为平整度仪测定的标准差;IRI 为国际平整度指数;h 为 3m 直尺与面层的最大间隙。

2. 桥面与路面同时维修时,小桥(中桥视情况)可并入路面进行检验。

3. 沥青混合料、施工工艺与路面相同时,渗水系数可并入路面进行检验,压实度可在路面上取芯或并入路面进行检验。

6.2.3 桥面铺装维修外观质量应符合下列规定:

1 应符合本标准第 5.2.3 条、第 5.10.3 条的规定。

2 桥面排水良好,与接线路面衔接应平顺。

6.3 伸缩装置更换

6.3.1 伸缩装置更换应符合下列基本要求:

1 伸缩装置类型、规格、性能等应符合相关技术规范的规定并满足设计要求,验收合格后方能安装。

2 锚固混凝土的品种、性能应符合设计要求。

3 开槽应符合设计要求,并对原结构影响伸缩装置使用的缺损进行处治。

4 植筋应按本标准第 6.11 节的规定检验合格,并应按设计要求的构造形式与伸缩装置钢构件牢固连接。

5 伸缩装置处不得出现积水现象。

6.3.2 伸缩装置更换实测项目应符合表6.3.2的规定。

表 6.3.2 伸缩装置更换实测项目

项次	检 查 项 目		规定值或允许偏差	检查方法和频率
1△	锚固区混凝土强度(MPa)		在合格标准内	按附录D检查
2	长度(mm)		±5	钢卷尺:每道
3△	缝宽(mm)		±2	尺量:每道测5处
4	与桥面高差(mm)		2	尺量:伸缩装置两侧各测5处
5	纵坡(%)	一般	±0.5	水准仪:每道测纵向锚固区混凝土5处
		大型	±0.2	
6	平整度(mm)		≤3	3m直尺:每道顺长度方向检查伸缩装置及锚固区混凝土各2尺
7	焊缝尺寸(mm)		满足设计要求	量规:检查全部,每条焊缝检查2处
8△	焊缝探伤		满足设计要求;设计未要求时按焊缝质量二级	超声法:检查全部,每条焊缝全长探伤

注:1. 项次3应按安装时气温折算。
    2. 表中项目实际工程未涉及时不进行检查。

6.3.3 伸缩装置更换外观质量应符合下列规定:

1 伸缩装置应无渗漏、异常变形、破损、开裂。

2 锚固混凝土应密实,无空洞、蜂窝、露筋及宽度超过0.2mm的裂缝,且与桥面衔接平顺。

3 焊缝应成型良好,无裂缝、未熔合、夹渣、未填满弧坑、电弧擦伤、焊瘤等外观缺陷。

4 伸缩缝内及伸缩装置中应干净,无积土、垃圾等杂物。

6.4 排水设施维修

6.4.1 排水设施维修应符合下列基本要求:

1 排水管、封堵渗漏所用材料的类型、规格和质量应符合相关技术规范的规定并满足设计要求,排水管安装前应逐节检查,不得有裂缝、破损。

2 排水管件应安装牢固,固定构造应满足设计要求;管中垃圾应清理干净,管道应无阻塞。

3 进水口不得高于集水面,防堵塞部件应安装牢靠。

4 排水设施不得出现渗水、漏水现象,出口处排水不得溅落到桥梁结构上。

5 桥梁结构、构件内部不得因排水不当而出现积水。

6 金属构件应按设计要求进行防护处理。

6.4.2 排水设施维修实测项目应符合表6.4.2的规定。

表6.4.2 排水设施维修实测项目

项次	检 查 项 目	规定值或允许偏差	检查方法和频率
1	排水管尺寸(mm)	±5	尺量：每类型检查3根
2	安装偏位(mm)	≤10	尺量：抽查10%管道，且不少于2条管道
3	管道坡度(%)	±0.5	水准仪：抽查10%管道，且不少于2条管道

6.4.3 排水设施维修外观质量应符合下列规定：

1 排水设施应齐全，不得有缺失。

2 管节铺设应平顺，管路坡度不得出现反坡，管节接头处流水面高差不应大于2mm。

6.5 混凝土栏杆及护栏维修

6.5.1 表面缺损维修应按本标准第6.8节、第6.9节检验。

6.5.2 重新制作、安装时应按现行《公路工程质量检验评定标准 第一册 土建工程》(JTG F80/1)的相关规定进行检验，与既有栏杆及护栏连接应满足设计要求，且线形无异常弯折。

6.5.3 植筋应按本标准第6.11节检验评定。

6.6 梁体顶升

6.6.1 梁体顶升应符合下列基本要求：

1 混凝土所用水泥、砂、石、水、外加剂及掺合料的品种、规格和质量应符合相关技术规范的规定并满足设计要求，按试验确定的配合比拌制。

2 千斤顶、油压表应配套标定和使用，并不得超过标定使用期限和使用次数。

3 梁体顶升前应按设计要求解除约束，顶升和落梁顺序、顶升力、顶升高度、落梁高差及同步应满足设计要求，并应有防止落梁、倾覆措施。

4 顶升应按设计要求进行监控，不得损伤原结构。

5 支撑构件和其他新增构件应与原结构连接可靠、位置准确。

6.6.2 梁体顶升实测项目应符合表6.6.2的规定。

表 6.6.2　梁体顶升实测项目

项次	检查项目		规定值或允许偏差	检查方法和频率
1△	新增构件混凝土强度（MPa）		在合格标准内	按附录 D 检查
2	支点高差（mm）	相邻纵向支点	满足设计要求，设计未要求时 5	水准仪：检查全部支点
		相邻横向支点	满足设计要求，设计未要求时 2	
3	新增构件尺寸（mm）		±10	尺量：长、宽、高各测 3 处

注：表中项目实际工程未涉及时不进行检查。

6.6.3　梁体顶升外观质量应符合下列规定：

1　新增混凝土构件表面应平整密实，无空洞、蜂窝、露筋及宽度超过设计规定或设计未规定时超过 0.2mm 的裂缝，与原结构应连接紧密。

2　顶升的桥梁与相邻结构应连接顺适，无异常突变。

6.7　支座更换

6.7.1　顶升和落梁应按本标准第 6.6 节检验且合格，垫石存在缺陷或病害时应修复。

6.7.2　支座安装应按现行《公路工程质量检验评定标准　第一册　土建工程》（JTG F80/1）相关分项工程进行检验评定。

6.8　混凝土表面缺损修补

6.8.1　混凝土表面缺损修补应符合下列基本要求：

1　混凝土或砂浆所用胶黏剂、水泥、砂、石、水和外加剂的品种、规格和质量应符合相关技术规范的规定并满足设计要求，按试验确定的配合比拌制。

2　混凝土黏合剂（界面剂）的品种、级别、技术性能指标应符合相关技术规范的规定并满足设计要求，具有完整的出厂质量合格证明书。

3　缺损区域的混凝土应清除至坚实的基层混凝土，凿除深度不得小于缺陷深度及设计要求的深度，边缘处不得为斜坡面。基层混凝土表面应干净、粗糙，不得有疏松碎块。

4　露筋修补应除锈，并按设计要求涂刷阻锈剂。

5　修补结合面不得出现开裂。

6.8.2　混凝土表面缺损修补实测项目应符合表 6.8.2 的规定。

表6.8.2　混凝土表面缺损修补实测项目

项次	检查项目	规定值或允许偏差	检查方法和频率
1△	混凝土或砂浆强度(MPa)	在合格标准内,且不低于基层强度	按附录D或附录F检查
2	保护层厚度(mm)	+8,-5	钢筋检测仪:抽查30%,每处测3~5点
3	大面积平整度(mm)	≤5	2m直尺:每处测2尺

注:项次3仅当修补面积大于5m²时进行检查。

6.8.3 混凝土表面缺损修补外观质量应符合下列规定:

1 修补处应平整、密实。

2 修补混凝土表面应无空鼓、剥落、宽度超过设计规定或设计未规定时超过0.2mm的裂缝。

6.9 混凝土裂缝修补

6.9.1 混凝土裂缝修补应符合下列基本要求:

1 裂缝修补所用材料的品种、性能、规格等应符合相关技术规范的规定并满足设计要求。

2 应按设计要求对混凝土表面进行处理,含水率应与修补材料的使用要求相适应。表面封闭时基面应清洁、密实、坚固;灌胶时裂缝两侧基面应清理出密实新鲜混凝土,表面应清洁、干燥。

3 在裂缝交叉点、端部及宽度较大处应设灌胶嘴,且在封缝胶固化后应检查其气密性,应无漏气。

4 修补工艺、顺序应符合设计要求。

6.9.2 混凝土裂缝修补实测项目应符合表6.9.2-1、表6.9.2-2的规定。

表6.9.2-1　裂缝表面封闭实测项目

项次	检查项目	规定值或允许偏差	检查方法和频率
1	表面封闭涂敷厚度(μm)	平均厚度≥设计厚度,80%点的厚度>设计厚度,最小厚度≥80%设计厚度	测厚仪:每100m²测10点,且不少于10点,7d后检查
2△	黏结强度(MPa)	在合格标准内	按附录N检查

注:项次1封闭面积不满100m²者,按100m²处理。

表 6.9.2-2 裂缝灌浆实测项目

项次	检 查 项 目	规定值或允许偏差	检查方法和频率
1	灌胶嘴间距(mm)	符合设计要求	尺量：抽查10%
2	灌胶压力(MPa)	符合设计要求	压力表读数：全部
3	停胶后持压时间(min)	符合设计要求	计时器：全部
4△	灌缝饱满程度	饱满	观察芯样、压力机：按设计规定，设计未规定时每检验批取3~5个芯样
5△	劈裂抗拉强度(MPa)	符合设计要求	

注：采用相同材料和方法的灌浆裂缝为1个检验批。

6.9.3 混凝土裂缝修补外观质量应符合下列规定：
1 应无漏封闭或漏灌胶的裂缝。
2 裂缝封闭的表面应平整，无裂缝、脱落，粘贴物表面应无气泡、空鼓。
3 灌浆嘴应清除，封缝胶应无大块堆积和流挂。

6.10 混凝土构件表面防护

6.10.1 混凝土构件的缺陷或病害处治应验收合格。

6.10.2 表面防护应按现行《公路工程质量检验评定标准 第一册 土建工程》(JTG F80/1)相关分项工程进行检验。

6.11 植筋

6.11.1 植筋应符合下列基本要求：
1 所用材料的品种、型号、规格和质量应符合相关技术规范的规定并满足设计要求。
2 植筋前应探测原结构内部钢筋位置，钻孔时不应对其造成损伤。
3 植筋孔位附近的混凝土应密实，无裂缝和疏松层，含水率及施工环境条件应符合胶黏剂的使用要求。
4 植筋的数量不得少于设计要求，植筋插入锚孔深度不得小于设计深度的95%。植筋间距及植筋至构件边缘距离不得小于构造规定值。
5 需焊接的植筋应采取降温措施，不得因焊接降低胶黏剂的技术性能。

6.11.2 植筋实测项目应符合表6.11.2的规定。

表6.11.2 植 筋 实 测 项 目

项次	检 查 项 目	规定值或允许偏差	检查方法和频率
1	钻孔直径（mm）	+3，0	尺量：抽查10%，且不少于5根
2	钻孔深度（mm）	+10，0	尺量：抽查10%，且不少于5根
3	钻孔倾斜（°）	≤5	测角仪：抽查10%，且不少于5根
4	孔中心偏位（mm）	±30	尺量：抽查10%，且不少于5根
5△	拉拔力（kN）	在合格标准内	按附录M检查：抽查2%～3%，且不少于5根

注：项次5的检查频率当采用非破损方法或植筋量小时用高限，采用破损方法或植筋量大时用低限。

6.11.3 植筋外观质量应符合下列规定：

　　1 锚孔内胶黏剂应饱满。

　　2 钢筋表面应无颗粒状或片状老锈及损伤，焊接不得松脱、开焊。

6.12 钢筋混凝土构件增大截面

6.12.1 钢筋混凝土构件增大截面应符合下列基本要求：

　　1 混凝土所用水泥、砂、石、水、外加剂及掺合料的品种、规格和质量应符合相关技术规范的规定并满足设计要求，按试验确定的配合比拌制，混凝土的收缩变形应在设计允许范围内。

　　2 新增钢筋与原结构钢筋的连接应满足设计要求，植筋应按本标准第6.11节进行检验，其他按现行《公路工程质量检验评定标准 第一册 土建工程》（JTG F80/1）相关分项工程进行检验，并且合格。

　　3 被增大截面的混凝土构件表面应凿毛，露出新鲜、密实混凝土，表面应清洁、无污垢，凿除深度和粗糙度应符合设计要求，暴露的原有钢筋出现锈蚀影响承载力的应进行除锈处理。

　　4 施工顺序及混凝土的养护应满足设计要求。

　　5 支架和模板的强度、刚度、稳定性应符合相关施工技术规范的规定。

　　6 支架变形及支承的下沉量应满足施工后构件设计高程的要求。

6.12.2 钢筋混凝土构件增大截面实测项目应符合表6.12.2的规定。

表 6.12.2 钢筋混凝土构件增大截面实测项目

项次	检查项目		规定值或允许偏差	检查方法和频率
1△	混凝土强度（MPa）		在合格标准内	按附录 D 检查
2	断面尺寸（mm）	梁	+10，-5	尺量：每个构件测 3 个断面
		基础	+50，0	
		承台	+30，0	
3	长度（mm）		±10	尺量：每个构件测 2 处
4	顶面或底面高程（mm）		±20	水准仪：测 5 处
5	大面积平整度（mm）		≤8	2m 直尺：每侧面测 1~2 处，测竖向、水平两个方向
6	预埋件（mm）		≤5	尺量：每个预埋件

注：项次 4 在实际工程中未涉及时不检查。

6.12.3 钢筋混凝土构件增大截面外观质量应符合下列规定：

1 增大截面混凝土表面应平整密实，无空洞、蜂窝、露筋及宽度超过设计规定或设计未规定时超过 0.2mm 的裂缝。

2 新旧混凝土结合面不得出现裂缝，无明显施工接缝。

6.13 设置体外预应力

6.13.1 设置体外预应力应符合下列基本要求：

1 所用预应力筋（束）、锚具、连接器、防护层及防腐填充物等的品种、规格、性能应符合相关技术规范的规定并满足设计要求，预应力筋（束）展开后应平顺无弯折。

2 锚固块和转向块所采用的材料和制作应满足设计要求，与原结构构件连接牢固；导向管不得损伤预应力筋（束）及其防护层，弯曲应圆顺。

3 施工顺序应满足设计要求。

4 张拉设备应配套标定和使用，并不得超过标定使用期限和使用次数。

5 预应力张拉时，混凝土齿板的强度和龄期应符合设计要求，并应严格按设计规定的张拉顺序操作，不得出现滑丝现象。

6 锚垫板平面应与预应力筋（束）轴线垂直，预应力筋（束）锚固后应采用机械切割，外露长度应符合设计要求。

7 减振限位装置应夹紧预应力筋（束），并不得改变其线形。

8 应按设计要求进行锚头和锚固段防护，锚具防护罩应安装牢固，内填油脂充盈。

6.13.2 设置体外预应力实测项目应符合表 6.13.2 的规定。

表 6.13.2　设置体外预应力实测项目

项次	检 查 项 目		规定值或允许偏差	检查方法和频率
1	筋（束）坐标（mm）	构件长方向	±30	尺量：抽查 30% 筋（束）的各锚固点和转向点
		构件横方向	±10	
		构件高方向	±10	
2△	张拉力(kN)		满足设计要求	查油压表读数：全部
3△	张拉伸长率(%)		满足设计要求，设计未要求时 ±6	尺量：全部
4	断丝数	钢束	每束 1 根，且每断面不超过钢丝总数的 1%	目测：每根（束）
		钢筋	不允许	
5	减振装置、限位器纵向间距(mm)		±100	尺量：抽查 20%

6.13.3　设置体外预应力外观质量应符合下列规定：

　　1　预应力筋（束）的防护层应无裂纹、损伤。

　　2　预应力筋（束）与导向管、限位器间的橡胶垫块（圈）不应出现缺失、破损、松动。

6.14　粘贴钢板

6.14.1　粘贴钢板应符合下列基本要求：

　　1　所用的钢板、锚固螺栓、胶黏剂等材料的品种、规格和质量应符合相关技术规范的规定并满足设计要求。

　　2　对原结构、构件的孔洞、蜂窝、裂缝、露筋等缺陷和病害应按设计要求修补，黏合范围内应打毛、清理干净，含水率应满足胶黏剂的使用要求。

　　3　钢板粘贴面应按设计要求进行糙化处理，表面平整，不得有折角，粘贴前应清理、擦拭干净。

　　4　粘贴施工的环境条件应符合相关施工技术规范的规定并满足所用胶黏剂的要求，且应在粘贴界面处理完后设计要求的时间内完成粘贴作业。

　　5　锚固螺栓数量不得少于设计数量，锚固螺栓的螺母承压面应与钢板密贴。

　　6　胶黏剂厚度、压力注胶时的注胶压力及稳压时间应满足设计要求。

　　7　钢板、锚固螺栓应按设计要求进行涂装防护处理。

6.14.2　粘贴钢板实测项目应符合表 6.14.2 的规定。

表 6.14.2　粘贴钢板实测项目

项次	检 查 项 目		规定值或允许偏差	检查方法和频率
1△	钢-混凝土黏结正拉强度（MPa）		在合格标准内	按附录 N 检查
2△	粘贴密实度（%）		≥95	超声波、红外线或敲击：抽查 50%
3	钢板偏位（mm）	横向	≤10	尺量：抽查 10% 且不少于 5 块，测钢板中心线处
		纵向	≤20	

6.14.3　粘贴钢板外观质量应符合下列规定：

1　钢板各边缘胶体应饱满，无空洞。

2　钢板应平直、顺贴，无凹陷、划痕、焊疤，边缘应无毛刺。

3　钢板、锚固螺栓的防护应无破损。

6.15　粘贴纤维复合材料

6.15.1　粘贴纤维复合材料应符合下列基本要求：

1　所用胶黏剂、纤维复合材料的品种、规格、性能应符合相关技术规范的规定并满足设计要求。

2　原结构、构件的孔洞、蜂窝、裂缝等表面缺陷和病害应按设计要求修补，粘贴范围内应无劣化混凝土、浮浆等，表面应平整、干净，折角处应呈平滑曲面，含水率应满足胶黏剂的使用要求。

3　粘贴施工的环境条件应符合相关施工技术规范的规定，且满足所用胶黏剂的要求。

4　纤维板材粘贴面应按设计要求进行擦拭，表面应无灰尘、碳粒。

5　纤维片材应无褶皱及折痕，搭接长度、宽度及多层搭接时的接头间距应满足设计要求。

6　粘贴面积及层数不得少于设计数量。

7　胶黏剂厚度、最外层纤维表面浸渍胶黏剂涂刷应满足设计要求。

6.15.2　粘贴纤维复合材料实测项目应符合表 6.15.2 的规定。

表 6.15.2　粘贴纤维复合材料实测项目

项次	检 查 项 目		规定值或允许偏差	检查方法和频率
1△	正拉黏结强度（MPa）		在合格标准内	按附录 N 检查
2△	空鼓率（%）		≤5，且单个面积≤1 000mm²	红外线或敲击：抽查 50%
3	粘贴偏位（mm）	横向	10	尺量：抽查 10% 且不少于 5 块，测中心线处
		纵向	20	

6.15.3 粘贴纤维复合材料外观质量应符合下列规定:

1 板材各边缘胶体应饱满无空洞。

2 片材应无起泡,表面浸渍胶应无漏涂、流挂、起皮。

6.16 钢结构涂装防护

6.16.1 初始涂装或重新涂装应按现行《公路工程质量检验评定标准　第一册　土建工程》(JTG F80/1)的相关规定进行检验。

6.16.2 维护性涂装应对涂层劣化区域进行清理,清理范围、层面应满足设计要求,实测项目应符合表6.16.2的规定,其他应符合初始涂装的相关规定。

表 6.16.2　钢结构涂装防护实测项目

项次	检 查 项 目	规定值或允许偏差	检查方法和频率
1	原有涂层处理	满足设计要求	比照板目测:100%
2	总干膜厚度(μm)	满足设计要求;设计未要求时,干膜厚度小于设计值的测点数量不超过10%,任意测点的干膜厚度不小于设计值的90%	按设计要求检查,设计未要求时用测厚仪检查:抽查20%且不少于5件,每10m² 测10点,且不少于10点
3△	附着力(MPa)	满足设计要求	按设计要求检查,设计未要求时用拉开法检查:抽查5%且不少于5件,每件测1处

6.17 高强螺栓更换

6.17.1 高强螺栓更换应符合下列基本要求:

1 高强螺栓连接副的规格、质量、扭矩系数应满足设计要求并符合相关技术规范的规定。

2 连接零件的材质、规格、质量应满足设计要求。

3 栓接板面、螺栓孔应干净、干燥、平整,高强螺栓连接摩擦面的抗滑移系数应满足设计要求。

4 施拧扳手应标定,标定扭矩偏差不得大于使用扭矩的5%。

5 应按设计要求设置支撑并采取安全措施,高强螺栓连接施拧阶段、施拧顺序应满足设计要求并符合相关技术规范的规定。

6 节点板与连接构件板面之间的间隙处理应符合相关技术规范的规定。

6.17.2 高强螺栓更换实测项目应符合表6.17.2的规定。

表 6.17.2　高强螺栓更换实测项目

项次	检 查 项 目	规定值或允许偏差	检查方法和频率
1	连接点变位（mm）	不允许	全站仪：更换前后对比
2△	高强螺栓终拧扭矩（kN·m）	±10%	扭矩扳手：每螺栓群抽查高强螺栓数量的 10%，且不少于 2 个

6.17.3　对于高强螺栓更换外观质量，终拧后高强螺栓外露丝扣应为 2～3 扣，不符合的不应超过 10%，设计另有规定的除外。

6.18　钢管混凝土拱脱空注浆

6.18.1　钢管混凝土拱脱空注浆应符合下列基本要求：

1　注浆所用材料的品种、规格和质量应满足设计要求并符合相关技术规范的规定，按试验确定的配合比拌制，且浆体收缩变形应在设计允许的范围内。

2　注浆孔和排气孔的位置及数量应满足注浆工艺及设计要求。

3　应按设计要求的顺序注浆，排气孔应排出原浆方可停止加压。

4　注浆孔和排气孔的封堵及防护应满足设计要求。

6.18.2　钢管混凝土拱脱空注浆实测项目应符合表 6.18.2 的规定。

表 6.18.2　钢管混凝土拱脱空注浆实测项目

项次	检 查 项 目	规定值或允许偏差	检查方法和频率
1△	注浆强度（MPa）	在合格标准内，且不低于钢管内混凝土强度	按附录 F 检查
2△	脱空率（%）	符合设计要求，设计未要求时，不大于 1.2	超声波法或人工敲击：全部
3	注浆稳压时间（s）	符合设计要求，设计未要求时，不小于 180	计时器：全部

6.18.3　钢管混凝土拱脱空注浆外观质量应符合下列规定：

1　注浆孔和排气孔的封堵塞焊应平整、无裂纹。

2　注浆孔和排气孔的防护涂装不得出现漏涂、起泡、裂纹、起皮及返锈，颜色与原涂装应基本一致。

6.19　钢管混凝土拱外包混凝土

6.19.1　钢管混凝土拱外包混凝土应符合下列基本要求：

1　混凝土所用水泥、砂、石、水、外加剂及掺合料的品种、规格和质量应符合相关技术规范的规定并满足设计要求，按试验确定的配合比拌制。

2 钢管表面处理及连接构造应符合设计要求。

3 应按设计要求的施工顺序，分层、对称地浇筑钢管拱外包混凝土。

4 浇筑混凝土过程中应对拱肋变形进行观测，拱肋变形应控制在允许范围内。

6.19.2 钢管混凝土拱外包混凝土实测项目应符合表 6.19.2 的规定。

表 6.19.2 钢管混凝土拱外包混凝土实测项目

项次	检 查 项 目		规定值或允许偏差	检查方法和频率
1△	混凝土强度（MPa）		在合格标准内	按附录 D 检查
2	轴线偏位（mm）	$L \leq 60$m	10	全站仪：测 5 处
		$L > 60$m	$L/6\,000$，且不超过 50	
3	拱肋高程（mm）		$\pm L/3\,000$，且不超过 ± 50	水准仪：测拱脚、1/4 跨、3/4 跨、拱顶 5 处
4△	对称点高差（mm）		$L/3\,000$，且不超过 40	水准仪：对称点测 10 处

注：L 为跨径，计算规定值或允许偏差时以 mm 计。

6.19.3 钢管混凝土拱外包混凝土外观质量应符合下列规定：

1 混凝土表面应平整、密实，无空洞、蜂窝、露筋及宽度超过设计规定或设计未规定时超过 0.2mm 的裂缝，无明显施工接缝。

2 拱的线形应顺畅，无折弯。

6.20 更换吊杆、吊索和拱桥系杆

6.20.1 更换吊杆、吊索和拱桥系杆应符合下列基本要求：

1 吊杆、吊索、系杆及锚具、锚头的品种、规格、技术性能应满足设计要求并符合相关技术规范的规定。

2 锚垫板平面应与吊杆、吊索轴线垂直，并应按设计要求对已有锚垫板进行防护处理。

3 张拉设备应配套标定和使用，并不得超过标定使用期限和使用次数。

4 应按设计要求的顺序进行施工，并应有施工安全防范措施。

5 系杆更换时应对拱的应力、变形及拱脚位移进行监控，吊杆、吊索更换时应对吊点的高程进行监控，监控结果应在设计允许范围内。

6 吊杆、吊索锚头应锁定牢固。

7 锚具、锚头防护应满足设计要求，锚具防护罩应安装牢固，内填油脂充盈。

6.20.2 更换吊杆、吊索和拱桥系杆实测项目应符合表 6.20.2-1 和表 6.20.2-2 的规定。

表 6.20.2-1　更换吊杆、吊索实测项目

项次	检 查 项 目		规定值或允许偏差	检查方法和频率
1△	吊杆、吊索张力（kN）	允许值	符合设计和施工控制要求，未要求时 ±10%	测力仪：全部
		极值	符合设计要求，设计未要求时 ±20%	
2	吊点高程(mm)		±10	水准仪：全部

表 6.20.2-2　更换拱桥系杆实测项目

项次	检 查 项 目	规定值或允许偏差	检查方法和频率
1△	张拉力(kN)	符合设计要求	查油压表：逐根检查
2△	张拉伸长率(%)	满足设计要求，设计未要求时 ±6	尺量：逐根检查

6.20.3　更换吊杆、吊索和拱桥系杆外观质量应符合下列规定：

1　吊杆、吊索、系杆应顺直，无扭曲、缠绕。

2　吊杆、吊索、系杆的防护应无破损。

6.21　斜拉桥换索及调索

6.21.1　斜拉桥换索及调索应符合下列基本要求：

1　斜拉索的品种、规格和技术性能应满足设计要求并符合相关技术规范的规定。

2　锚垫板平面应与斜拉索轴线垂直，应按设计要求对已有锚垫板进行防护处理。

3　张拉设备应配套标定和使用，并不得超过标定使用期限和使用次数。

4　拆索、安装、张拉顺序应满足设计要求。

5　施工过程中应对索力、高程、塔顶变位进行监控，控制结果应在设计要求的范围内。

6　锚头防护应符合设计要求，斜拉索与塔、梁连接处不得出现渗漏。

6.21.2　斜拉桥换索及调索实测项目应符合表 6.21.2 的规定。

表 6.21.2　斜拉桥换索及调索实测项目

项次	检 查 项 目		规定值或允许偏差	检查方法和频率
1△	索力（kN）	允许值	符合设计和施工控制要求	测力仪：测每根索
		极值	符合设计要求，设计未要求时 ±10%	
2	梁锚固点或梁顶高程(mm)		符合设计要求，设计未要求时 ±20	水准仪：测每个锚固点或每梁段中点

6.21.3　斜拉桥换索及调索外观质量应符合下列规定：

1 新换斜拉索防护不得出现裂纹和破损，斜拉索的钢丝、钢绞线不应出现缠绕、扭结。

2 锚头应无损伤、锈蚀，防护油脂应涂敷均匀、无遗漏。

6.22 斜拉索、吊杆防护套修补

6.22.1 斜拉索、吊杆防护套修补应符合下列基本要求：

1 防护套修补材料的类型、规格及性能应满足设计要求并符合相关技术规范的规定。

2 切割剥离损坏防护套不应伤及索内钢丝或钢绞线，防护套修补处氧化层、钢丝锈迹、污物等应清理干净，清洗材料不得影响护套焊接和腐蚀钢丝。

3 修补加热温度应控制在修补材料及斜拉索钢丝或钢绞线允许范围内，不得使修补材料发生碳化。

4 索的钢丝或钢绞线防护应满足设计要求。

6.22.2 斜拉索、吊杆防护套修补实测项目应符合表6.22.2的规定。

表6.22.2 斜拉索、吊杆防护套修补实测项目

项次	检 查 项 目	规定值或允许偏差	检查方法和频率
1	钢束除锈	符合设计要求	目测：每处
2	新修补防护套厚度（mm）	+1，0	游标卡尺：每处2~4个断面，每个断面测相互垂直2个方向
3	新旧防护套接头处间隙	不允许	放大镜观察：每个接头处

6.22.3 斜拉索、吊杆防护套修补外观质量应符合下列规定：

1 修补的防护套应致密、平滑，表面应无孔洞、气泡、横纹、竹节。

2 与既有防护套连接应平顺。

6.23 混凝土盖梁、台帽维修

6.23.1 混凝土盖梁、台帽维修应符合下列基本要求：

1 既有混凝土盖梁、台帽的缺陷和病害处治应满足设计要求。

2 其他要求同本标准第6.12.1条规定。

6.23.2 混凝土盖梁、台帽维修实测项目应符合表6.23.2-1、表6.23.2-2的规定。

表 6.23.2-1 接长与加宽盖梁、台帽实测项目

项次	检 查 项 目	规定值或允许偏差	检查方法和频率
1△	混凝土强度（MPa）	在合格标准内	按附录 D 检查
2	断面尺寸（mm）	+20，0	尺量：测 3 个断面
3	轴线偏位（mm）	≤10	全站仪：纵、横各测量 2 点
4	顶面高程（mm）	±10	水准仪：测 5 处
5	支座垫石预留位置（mm）	10	尺量：每个
6	剪力槽（mm）	符合设计要求	尺量：抽查 30%

表 6.23.2-2 增设或更换挡块实测项目

项次	检 查 项 目	规定值或允许偏差	检查方法和频率
1△	混凝土强度（MPa）	在合格标准内	按附录 D 检查
2	平面位置（mm）	≤10	全站仪：抽查 50%，测中心线 2 端
3	断面尺寸及高度（mm）	±10	尺量：抽查 50%，每块测 1 个断面尺寸、2 处高度
4	与梁体间隙（mm）	±5	尺量：每块测两侧各 1 处

6.23.3 混凝土盖梁、台帽维修外观质量应符合下列规定：

1 混凝土表面应平整密实，无空洞、蜂窝、露筋及宽度超过设计规定或设计未规定时超过 0.2mm 的裂缝。

2 新旧混凝土结合面不得出现裂缝，应无明显施工接缝。

6.24 墩身外包钢

6.24.1 墩身外包钢应符合下列基本要求：

1 外包钢所采用的钢材和焊接材料的品种、规格、力学性能应符合相关技术规范的规定并满足设计要求，具有完整的出厂质量合格证明。

2 混凝土、砂浆所用水泥、砂、石、水、外加剂及掺合料的品种、规格和质量应符合相关技术规范的规定并满足设计要求，按试验确定的配合比拌制；混凝土、砂浆收缩变形应在设计允许范围内。

3 锚固螺栓数量不应少于设计数量，锚固螺栓的螺母承压面应与钢板密贴。

4 墩身空洞、蜂窝、裂缝等缺陷和病害应按设计要求修补，墩身表面处理应符合设计要求。

5 应自下而上进行压浆或灌注混凝土，浆体或混凝土应密实。

6 钢构件涂装防护应满足设计要求。

6.24.2 墩身外包钢实测项目应符合表 6.24.2 的规定。

表6.24.2　墩身外包钢实测项目

项次	检 查 项 目	规定值或允许偏差	检查方法和频率
1△	混凝土、砂浆强度（MPa）	在合格标准内	按附录D或附录F检查
2	外包钢套箍偏位（mm）	≤20	尺量：检查3个断面，每个断面测相互垂直2个方向
3	外包钢套箍与墩柱表面的间隙（mm）	±5	尺量：每侧查3~5点
4	压浆压力（MPa）及稳压时间（s）	满足设计要求	油压表及计时器：检查全部
5	脱空率（%）	满足设计要求，设计未要求时1.2	敲击法或超声法：检查全部
6	焊缝尺寸（mm）	满足设计要求	量规：检查全部，每条焊缝检查2处
7△	焊缝探伤		超声法：检查全部，每条焊缝全长探伤

注：灌注混凝土时，不检查项次4。

6.24.3 墩身外包钢外观质量应符合下列规定：

1　焊缝应无裂纹、焊瘤、夹渣、电弧擦伤、未焊透、未填满弧坑，构件表面应无焊渣和飞溅物。

2　钢套箍端头应抹平修整，且不得出现积水现象。

3　防护涂装应无破损。

6.25　钢花管注浆锚杆加固桥台

6.25.1 钢花管注浆锚杆加固桥台应符合下列基本要求：

1　钢花管、锚垫板、水泥、水和外加剂的品种、规格和质量应符合相关技术规范的规定并满足设计要求。

2　应通过试验确定注浆相关参数，并制订注浆方案。

3　注浆顺序、注浆压力和稳压时间应符合设计及注浆方案的要求。

4　钢花管插入锚孔深度不得小于设计长度的95%。

5　锚杆垫板应与钢花管垂直，且应与台身密贴。

6　应按设计要求封锚并对台身缺陷和病害进行修补。

6.25.2 钢花管注浆锚杆加固桥台实测项目应符合表6.25.2的规定。

表 6.25.2 钢花管注浆锚杆加固桥台实测项目

项次	检查项目	规定值或允许偏差	检查方法和频率
1△	锚杆数量（根）	不少于设计值	全部检查
2	孔深（mm）	不小于设计值	尺量：抽查30%
3	孔偏位（mm）	≤50	尺量：抽查30%
4	孔倾斜度（°）	≤1	测角仪：抽查30%
5	锚杆拔力（kN）	拔力平均值≥设计值，最小拔力≥0.85设计值	拔力试验：锚杆数的1%，且不少于3根
6	注浆量（L）	满足注浆方案要求	标定容器法或流量计：每孔检查

6.25.3 钢花管注浆锚杆加固桥台外观质量应符合下列规定：

1 锚杆、垫板不得外露。

2 封锚混凝土应平整、密实，表面应无裂缝、空洞、蜂窝。

6.26 墩、台增补静压桩

6.26.1 墩、台增补静压桩应符合下列基本要求：

1 混凝土桩所用水泥、砂、石、水、外加剂及掺合料的品种、规格和质量应符合相关技术规范的规定并满足设计要求，按试验确定的配合比拌制。

2 钢管桩采用的钢材和焊接材料的品种、规格、化学成分、力学性能及钢管防护应符合相关技术规范的规定并满足设计要求。

3 桩尖及接头必须按设计设置预埋件，其材料、规格和质量应满足设计要求。

4 压入桩节时不应偏心加压，千斤顶、桩节轴线应重合，且桩身完整，无裂缝、压碎或压屈现象。

5 桩的接头质量应满足设计要求。

6 嵌入承台、盖梁的锚固钢筋或钢管桩长度不得小于设计要求的最小长度。

7 施工过程中应按设计要求对相邻桥梁结构的沉降、位移进行观测，其结果应控制在允许范围内。

6.26.2 墩、台增补静压桩实测项目应符合表6.26.2-1～表6.26.2-3的规定。

表 6.26.2-1 混凝土桩预制实测项目

项次	检查项目		规定值或允许偏差	检查方法和频率
1△	混凝土强度（MPa）		在合格标准内	按附录D检查
2	长度（mm）		±50	尺量：每桩测量
3	横截面（mm）	桩径或边长	±5	尺量：抽查10%桩，每桩测3个断面
		空心中心与桩中心偏差	≤5	

续表 6.26.2-1

项次	检 查 项 目	规定值或允许偏差	检查方法和频率
4	桩尖与桩的纵轴线偏差（mm）	≤10	尺量：抽查10%桩，每桩测量
5	桩纵轴线弯曲矢高（mm）	≤0.1%L，且不大于20	沿桩长拉线量，取最大矢高：抽查10%桩
6	桩顶面与桩纵轴线倾斜偏差（mm）	≤1%B，且不大于3	角尺：抽查10%桩，各测2个垂直方向
7	接桩的接头平面与桩轴线垂直度（%）	≤0.5	角尺：抽查10%桩，各测2个垂直方向

注：L 为桩长，B 为桩径或边长，计算规定值或允许偏差时以 mm 计。

表 6.26.2-2 钢管桩制作实测项目

项次	检 查 项 目			规定值或允许偏差	检查方法和频率
1	长度（mm）			+300，0	尺量：每桩测量
2	桩纵轴线弯曲矢高（mm）			≤0.1%L，且不大于30	沿桩长拉线量，取最大矢高：抽查10%桩，每桩测量
3	管节外形尺寸	管端椭圆度（mm）		±0.5%D，且不大于5	尺量：抽查10%桩，各测3个断面
		周长（mm）		±0.5%S，且不大于10	
4△	接头尺寸	管径差（mm）	D≤700	≤2	尺量：抽查10%桩，每个接头测量
			D>700	≤3	
		对接板高差（mm）	δ≤10	≤1	
			10<δ≤20	≤2	
			δ>20	≤δ/10，且不大于3	
5	焊缝尺寸（mm）				量规：抽查10%桩，检查全部焊缝，每条焊缝检查2处
6△	焊缝探伤			满足设计要求	超声法：满足设计要求；设计未要求时抽查10%桩，每桩检查20%焊缝，且不少于3条，每条焊缝全长探伤 射线法：满足设计要求；设计未要求时抽查10%桩，每桩检查2%焊缝，且不少于1条，每条焊缝两端各探伤250mm

注：L 为桩长，D 为桩径，S 为周长，计算规定值或允许偏差时以 mm 计；δ 为壁厚，以 mm 计。

表 6.26.2-3 压 桩 实 测 项 目

项次	检 查 项 目		规定值或允许偏差	检查方法和频率
1	桩位（mm）		≤50	全站仪：每桩检查
2△	桩尖高程（mm）		不高于设计值	水准仪测桩顶高程后反算：每桩检查
	压桩静压力（kN）		不小于设计值	查油压表读数：每桩检查
3	倾斜度（%）	直桩	≤1	垂线法：每桩检查
		斜桩	≤15tanθ	

注：1. θ 为斜桩轴线与垂线间的夹角。

2. 当静压力符合设计规定但桩尖高程未达到设计高程时，应进行承载力检验，并得到设计认可后，桩尖高程为合格。

6.26.3 墩、台增补静压桩外观质量应符合下列规定：

1 预制混凝土桩不得出现空洞、蜂窝和露筋，无宽度超过设计规定或设计未规定时超过 0.2mm 的裂缝。

2 钢管桩桩身不得有凹凸现象，焊缝应无裂纹、焊瘤、夹渣、未焊透、未填满弧坑及设计不允许出现的外观缺陷。

3 混凝土桩头应无劈裂，钢管桩桩头应无破损。

6.27 混凝土桩身修补

6.27.1 混凝土桩身修补应符合下列基本要求：

1 修补所用水泥、砂、石、水、外加剂及掺合料、灌浆料的种类、规格和质量应满足设计要求并符合相关技术规范的规定。

2 应清除桩身混凝土表面的松动石子、浮浆、污物，并对锈蚀钢筋除锈；清理后的混凝土表面应坚实、粗糙。

3 水下混凝土或灌浆料应连续灌注，不得出现断层。

4 桩身的新旧混凝土应连接紧密。

5 钢护套的强度、刚度、水密性应满足混凝土或灌浆料的灌注和成形要求。

6.27.2 混凝土桩身修补实测项目应符合表 6.27.2 的规定，植筋应符合表 6.11.2 的规定。

表 6.27.2　混凝土桩身修补实测项目

项次	检 查 项 目	规定值或允许偏差	检查方法和频率
1△	混凝土或灌浆料强度（MPa）	在合格标准内	按附录 D 或附录 F 检查
2	修补后桩身直径及修补长度（mm）	不小于设计值	尺量：逐桩检查，直径和修补长度各量 2 处，直径每处量相互垂直 2 个方向

6.27.3 对于混凝土桩身修补外观质量，修补桩身的表面应平整、密实，不得出现露筋和空洞。

6.28 涵洞接长

6.28.1 涵洞接长应符合下列基本要求：

1 所用材料应符合相关技术规范的规定并满足设计要求，应按设计文件要求完成全部内容。

2 拆除旧涵洞帽石、护栏、八字墙、一字墙、护坡等构造物时，应按设计要求制订施工方案，按规定工艺、步骤施工。

3 各结构构件应无异常变形，新旧涵洞结合面处理应满足设计要求。

4 各接缝、沉降缝位置应正确，填缝应无空鼓、开裂、漏水现象。对预制构件，其接缝应与沉降缝吻合。

5 砌块应错缝、坐浆挤紧，砌块间嵌缝料和砂浆应饱满。

6 勾缝砂浆强度不得小于砌筑砂浆强度。

6.28.2 涵洞接长实测项目应符合表 6.28.2 的规定。

表 6.28.2 涵洞接长实测项目

项次	检 查 项 目		规定值或允许偏差	检查方法和频率
1△	混凝土或砂浆强度（MPa）		在合格标准内	按附录 D 或附录 F 检查
2	长度（mm）		+100，−50	尺量：测中心线处
3	跨径或内径（mm）	波形钢管涵	±2%D	尺量：每 5m 测 1 处，且不少于 3 处，测相互垂直 2 个方向
		其他	±30	尺量：测 5 处
4	净高（mm）	明涵	±20	尺量：测洞口、新旧结合面、中间 3 处
		暗涵	±50	
5	涵底高程（mm）		±20	水准仪：测洞口、新旧结合面、中间 5 处
6	轴线偏位（mm）	明涵	≤20	全站仪：测中心线 5 处
		暗涵	≤50	
7	涵底铺砌厚度（mm）		+40，−10	尺量：测 5 处
8	新旧涵洞错台（mm）	管涵	≤5	尺量：新旧结合面检查 3 处
		其他	≤10	

注：1. D 为管涵直径，计算规定值或允许偏差时以 mm 计。

2. 实际工程中未涉及的项目不检查。

6.28.3 涵洞接长外观质量应符合下列规定：

1 新旧涵洞衔接应平顺，排水应畅通。

2 涵洞内不得遗留建筑垃圾、杂物等，进出口、洞身、与沟槽衔接处应无阻水现象。

3 新浇混凝土表面应平整，不得出现蜂窝、麻面、孔洞、露筋和宽度超过设计规定限制的裂缝。

4 砌缝应无空洞、宽缝、大堆砂浆填隙和假缝。

5 锥护坡不得出现塌陷和亏坡。

6.29 涵洞台身增大截面加固

6.29.1 涵洞台身增大截面加固应符合下列基本要求：

1 所用材料应符合相关技术规范的规定并满足设计要求。

2 应按设计要求、施工规范、相关技术操作规程和批准的施工工艺进行。

3 当新增主筋需与原构件钢筋焊接时，应先对原有钢筋除锈，且施焊前应采取措施避免烧伤混凝土。

4 结合面处理应符合设计要求，处理过程中不得对原结构造成损伤。

5 浇筑混凝土的支架、模板的强度、刚度、稳定性应满足施工技术规范的要求。

6.29.2 涵洞台身增大截面加固实测项目应符合表 6.29.2 的规定。

表 6.29.2   涵洞台身增大截面加固实测项目

项次	检查项目	规定值或允许偏差	检查方法和频率
1△	混凝土强度（MPa）	在合格标准内	按附录 D 检查
2	断面尺寸（mm）	±20	尺量：每个构件测 3 个断面
3	竖直度（mm）	≤0.3%H	全站仪或吊垂线：每个构件测 3 处
4	大面积平整度（mm）	≤8	2m 直尺：每侧面测 1～2 处，测竖直、水平 2 个方向
5	预埋件位置（mm）	符合设计要求，设计未要求时≤5	钢尺：测每个预埋件

注：1. H 为台身高度，计算规定值或允许偏差时以 mm 计。

2. 实际工程中未涉及的项目不检查。

6.29.3 涵洞台身增大截面加固外观质量应符合下列规定：

1 新增混凝土表面应平整，不得出现蜂窝、麻面、孔洞、露筋和宽度超过设计规定限制的裂缝。

2 新、旧结构结合面不得出现裂缝，应无明显施工接缝。

6.30 地基注浆加固

6.30.1 地基注浆加固应符合下列基本要求：

1 所用材料应符合相关技术规范的规定并满足设计要求。

2 应按设计、相关技术规范和批准的施工方案及工艺进行施工。

3 地基注浆应采用间歇性注浆，间隔时间应符合设计要求。

4 日平均气温低于 5℃或最低气温低于 -3℃的条件下注浆时，应采取保温措施，防止浆液及管路冻结。

5 施工过程中应对涵洞及其邻近建筑物、地下管线和地面的沉降、位移和裂缝进行监测和控制，并采取措施减少因注浆产生的附加沉降。

6.30.2 地基注浆加固实测项目应符合表 6.30.2 的规定。

表 6.30.2 地基注浆加固实测项目

项次	检 查 项 目	规定值或允许偏差	检查方法和频率
1△	承载力	符合设计要求	标准贯入、轻型动力触探或静力触探：注浆孔数的 2%～5%
2	注浆孔位偏移(mm)	±50	尺量：抽查 20%
3	注浆孔深(mm)	±100	尺量：抽查 20%注浆管长度
4	注浆量(L)	满足设计要求	标定容器法或流量计：每孔检查

注：承载力检验应在注浆结束 28d 后进行。

6.31 混凝土涵管增大截面加固

6.31.1 混凝土涵管增大截面加固应符合下列基本要求：

1 所用材料应符合相关技术规范的规定并满足设计要求，混凝土应满足耐久性（抗冻、抗渗、抗侵蚀）等设计要求。

2 应按设计要求对原涵洞渗漏水、构件缺陷进行处治。

3 结合面处理应满足设计要求，处理过程中不得对原结构造成损伤。

4 接缝应与沉降缝吻合，接缝、沉降缝填料应嵌填密实，表面应平整。

5 浇筑混凝土的模板的强度、刚度、稳定性应满足施工技术规范的要求。

6 设计中有防渗漏要求的应做渗漏试验，渗漏量应满足设计要求。

6.31.2 混凝土涵管增大截面加固实测项目应符合表 6.31.2 的规定。

表 6.31.2 混凝土涵管增大截面加固实测项目

项次	检 查 项 目		规定值或允许偏差	检查方法和频率
1△	混凝土强度(MPa)		在合格标准内	按附录 D 检查
2	断面尺寸(mm)	厚度	±5	尺量：测 5 个断面
		内径	±10	
3	流水面高程(mm)		±20	水准仪：测洞口、中点和其他四分点附近 5 处
4	轴线偏位(mm)		≤10	全站仪：每肋、板拱测 5 处

注：实际工程中未涉及的项目不检查。

6.31.3 混凝土涵管增大截面加固外观质量应符合下列规定：

1 新增混凝土表面应平整，不得出现蜂窝、麻面、孔洞、露筋和宽度超过设计规定限制的裂缝。

2　新旧涵管结合面不得出现脱空、开裂现象。

3　涵洞内不得遗留建筑垃圾、杂物等，排水应畅通。

6.32　拱涵主拱圈增大截面加固

6.32.1　拱涵主拱圈增大截面加固基本要求应符合本标准第6.29.1条的规定。

6.32.2　拱涵主拱圈增大截面加固实测项目应符合表6.32.2的规定。

表6.32.2　拱涵主拱圈增大截面加固实测项目

项次	检查项目		规定值或允许偏差	检查方法和频率
1△	混凝土强度（MPa）		在合格标准内	按附录D检查
2	断面尺寸（mm）	高度	±10	尺量：测拱脚、1/4跨、3/4跨、拱顶5个断面
		宽度	±20	
3	内弧线偏离设计弧线（mm）		±20	全站仪或吊垂线：每个构件测3处
4	轴线偏位（mm）		≤10	全站仪：每肋、板拱测5处

注：实际工程中未涉及的项目不检查。

6.32.3　拱涵主拱圈增大截面加固外观质量应符合下列规定：

1　新增混凝土表面应平整，不得出现蜂窝、麻面、孔洞、露筋和宽度超过设计规定限制的裂缝。

2　新旧拱圈结合面不得出现脱空现象。

6.33　一字墙和八字墙局部更换砌块

6.33.1　一字墙和八字墙局部更换砌块应符合下列基本要求：

1　所用材料应符合相关技术规范的规定并满足设计要求。

2　拆除原砌块时，应采取措施保证原结构物安全。

3　新砌块应错缝、坐浆挤紧，砌块间嵌缝料和砂浆应饱满。

4　新砌块就位后应用楔子固定，并采取有效措施确保封口砌块砌缝质量。

5　勾缝砂浆强度不得小于砌筑砂浆强度。

6.33.2　一字墙和八字墙局部更换砌块实测项目应符合表6.33.2的规定。

表6.33.2 一字墙和八字墙局部更换砌块实测项目

项次	检查项目		规定值或允许偏差	检查方法和频率
1△	混凝土或砂浆强度(MPa)		在合格标准内	按附录D或附录F检查
2	相邻砌块表层错位(mm)	料石、混凝土预制块	3	拉线用尺量:检查3~5处
		块石	5	

6.33.3 一字墙和八字墙局部更换砌块外观质量应符合下列规定:

1 更换砌块后线形应顺畅,表面应平整。

2 砌缝应平顺,应无开裂和脱落现象。

7 隧道养护工程

7.1 一般规定

7.1.1 隧道路面养护工程应按本标准第 5 章相关内容检验。隧道洞门翼墙和洞口边 (仰) 坡防护等养护工程应按本标准第 6 章相关内容检验。洞外排水设施的养护工程应按本标准第 4 章相关内容检验。隧道内安全设施养护工程应按本标准第 8 章相关内容检验。

7.1.2 隧道结构加固中裂缝修补、粘贴钢板加固、纤维复合材料加固应分别按本标准第 6.9 节、第 6.14 节、第 6.15 节进行检验。

7.1.3 隧道装饰装修维护应按现行《建筑装饰装修工程质量验收标准》(GB 50210) 制定相应的质量检验评定标准。

7.2 排水设施维修

7.2.1 排水设施维修应符合下列基本要求:
1 所用材料的类型、规格、数量、质量和性能应满足设计要求并符合相关技术规范的规定。
2 排水设施的断面形状、尺寸、位置和埋设深度以及纵坡应符合设计要求。
3 修复部分与原结构搭接应平顺。

7.2.2 排水设施维修实测项目应符合表 7.2.2 的规定。

表 7.2.2 排水设施维修实测项目

项次	检 查 项 目	规定值或允许偏差	检查方法和频率
1△	混凝土(砂浆)强度(MPa)	在合格标准内	按附录 D 或附录 F 检查
2	断面尺寸(mm)	±20	尺量:每 50m 检查 2 个断面
3△	纵向坡度(%)	符合设计要求	水准仪:每 50m 检查 2 点
4	顶面高程(mm)	0, -20	水准仪:每 30m 测 1 处,中间拉线

7.2.3 排水设施维修外观质量应符合下列规定：

1 排水应畅通，应无淤积。

2 排水设施应完好，应无渗漏。

7.3 人行道(检修道)维修

7.3.1 人行道(检修道)维修应符合下列基本要求：

1 维修所用材料的类型、规格、质量应满足设计要求并符合相关技术规范的规定。

2 与原人行道(检修道)的衔接处应平顺，无错台。

7.3.2 人行道(检修道)维修实测项目应符合表7.3.2的规定。

表7.3.2 人行道(检修道)维修实测项目

项次	检 查 项 目		规定值或允许偏差		检查方法和频率
1△	混凝土强度(MPa)		在合格标准内		按附录D检查
2	人行道宽度(mm)		±10		尺量：每25m检查1处
3	人行道板厚度(mm)		+5		尺量：每25m检查1处
4	预制板铺设	相邻板高差(mm)	有照明	3	水平尺：每25m检查1处
			无照明	2	
		相邻板缝宽(mm)	符合设计要求		尺量：每25m检查1处

7.3.3 人行道(检修道)维修外观质量应符合下列规定：

1 人行道和检修道构件连接应牢固、密贴，线形直顺，表面平整。

2 勾缝应密实均匀，无杂物污染。

7.4 衬砌背面压(注)浆

7.4.1 衬砌背面压(注)浆应符合下列基本要求：

1 所用材料的类型、质量、规格和性能应满足设计要求并符合相关技术规范的规定。

2 应根据孔隙位置合理布置注浆孔，压浆前应对衬砌进行临时支挡，注浆过程中应监测注浆压力。

3 衬砌后空洞压浆应饱满。

4 地下水富集、有水压的段落，应设置排水孔排水，再进行压浆。

5 钻孔注浆顺序应由水少向水多方向进行。

7.4.2 衬砌背面压(注)浆实测项目应符合表7.4.2的规定。

表7.4.2　衬砌背面压(注)浆实测项目

项次	检 查 项 目	规定值或允许偏差	检查方法和频率
1△	浆体强度(MPa)	符合设计要求	按附录F检查,每台班1组
2△	空洞ª	符合设计要求	凿孔或地质雷达法:凿孔法,每10m检查1个断面,每个断面从拱顶中线起每3m检查1点;地质雷达法,沿隧道纵向分别于拱顶和两侧拱腰、两侧边墙各布置1条测线,连续检测
3	注浆孔间距(mm)	±50	尺量:每注浆区域抽查1处
4	注浆孔深度(mm)	符合设计要求	尺量:每注浆区域抽查1处

注:ª发现1处空洞本评定单元为不合格。

7.4.3　衬砌背面压(注)浆外观质量应符合下列规定:

　1　封浆孔处理应完好。

　2　处理后应清洁无污染。

7.5　喷射混凝土加固

7.5.1　喷射混凝土加固应符合下列基本要求:

　1　所用材料类型、质量、规格和性能应满足设计要求并符合相关技术规范的规定。

　2　喷射前,应检查喷射面的质量,对衬砌裂缝、剥离等应按设计要求进行处理;对受喷结构面表面渗漏水、流水处应采取引排、堵水措施。

　3　受喷结构面必须清洁。

　4　采用钢纤维喷射混凝土时,钢纤维抗拉强度应满足设计要求,设计无要求时不应低于380MPa,且不得有油渍及明显的锈蚀。

7.5.2　喷射混凝土加固实测项目应符合表7.5.2的规定。

表7.5.2　喷射混凝土加固实测项目

项次	检 查 项 目		规定值或允许偏差	检查方法和频率
1△	喷射混凝土强度(MPa)		在合格标准内	按附录E检查
2△	喷层厚度(mm)	无衬砌	平均厚度≥设计值;检查点的60%≥设计值;最小厚度≥0.5设计值,且≥60	凿孔或地质雷达法:凿孔法,每10m检查1个断面,每个断面从拱顶中线起每3m检查1点;地质雷达法,沿隧道纵向分别于拱顶和两侧拱腰、两侧边墙各布置1条测线,连续检测。每10m检查1个断面,每个断面检查5处,作为厚度平均值
		有衬砌	平均厚度≥设计值;检查点的80%≥设计值;最小厚度≥0.8设计值,且≥50	
3△	喷层与接触层状况		无空洞,无杂物	
4	黏结强度(MPa)		Ⅰ、Ⅱ级围岩≥0.8,Ⅲ级围岩≥0.5	直接拉拔法或成型试验法:每50~100m检查1组3处

7.5.3 对于喷射混凝土外观质量，喷射混凝土表面应无漏喷、离鼓、钢筋网和钢架外露现象。

7.6 套（嵌）拱

7.6.1 套（嵌）拱应符合下列基本要求：

1 钢架的材质、规格、形式、制作和架设应满足设计要求并符合相关技术规范的规定。

2 嵌槽应满足设计要求，开槽时不应损伤嵌槽周围的混凝土。

3 嵌槽应填充密实，并与周围混凝土相接平顺。

4 钢架之间必须用纵向钢筋连接，安装基础必须牢固。

5 钢架安装基底高程不足时，不得用石块、碎石砌垫，应设置钢板或采用强度等级不低于 C20 的混凝土垫块。

6 钢架应紧靠初喷面；与初喷面出现间隙时，应采用钢楔或混凝土预制块使其与初喷面楔紧，顶楔后的连续间隙长度不得大于 2m，间隙应用喷射混凝土喷填密实。

7 连接钢板与钢架必须焊接牢固，焊缝应饱满密实；钢架节段之间必须采用螺栓连接或焊接牢固。

7.6.2 套（嵌）拱实测项目应符合表 7.6.2 的规定。

表 7.6.2 套（嵌）拱实测项目

项次	检 查 项 目		规定值或允许偏差	检查方法和频率
1△	钢拱架	榀数（榀）	不少于设计值	目测：逐榀检查
		间距（mm）	±50	尺量：逐榀检查
2△	混凝土强度（MPa）		在合格标准内	按附录 D 检查
3	保护层厚度（mm）		不小于设计值	钢筋位置测定仪检查：每 10m 检查 3 处
4	嵌槽	纵向宽（mm）	0，+10	尺量：每 10m 检查 5 点
		深（mm）	0，+10	尺量：每 10m 检查 5 点
5	倾斜度（°）		±2	测量仪器：逐榀检查
6	拼装偏差（mm）		±3	尺量：逐榀检查
7	安装偏差（mm）	横向	±50	尺和水准仪：逐榀检查
		竖向	不低于设计高程	
8	连接钢筋	数量（根）	不少于设计值	目测：逐榀检查
		间距（mm）	±50	尺量：逐榀检查 3 处

注：采用喷射混凝土方法施工的实测项目参照表 7.5.2。

7.6.3 套（嵌）拱的外观质量应符合下列规定：

1 焊接处应无假焊、漏焊，安装时基底应无虚渣及杂物，接头连接应牢固。

2 混凝土表面应密实。每延米面积中，蜂窝、麻面和气泡面积应不超过1%。蜂窝、麻面深度应不超过10mm。

3 混凝土表面裂缝宽度应不大于0.15mm。

7.7 混凝土衬砌更换

7.7.1 混凝土衬砌更换应符合下列基本要求：

1 材料的质量和规格应满足设计要求并符合相关技术规范的规定。

2 基底承载力应满足设计要求，必要时应进行基底承载力试验。

3 拆除衬砌时应根据围岩地质情况及时进行支撑，原有破损的衬砌应清理到位。

4 衬砌背后的空隙必须回填注浆。

5 衬砌的内轮廓线应与原有轮廓线一致。

7.7.2 混凝土衬砌更换实测项目应符合表7.7.2的规定。

表 7.7.2 混凝土衬砌更换实测项目

项次	检 查 项 目	规定值或允许偏差	检查方法和频率
1△	混凝土强度（MPa）	在合格标准内	按附录D检查
2△	衬砌厚度（mm）	不小于设计值	凿孔或地质雷达法：凿孔法，每6m检查1个断面，每个断面从拱顶中线起每3m检查1点；地质雷达法，沿隧道纵向分别于拱顶和两侧拱腰、两侧边墙各布置1条测线，连续检测。每1m检查1个断面，每个断面检查5处，作为厚度平均值
3	墙面平整度（mm）	20	2m直尺：每20m每侧检查3处
4	传力杆间距（mm）	±20	尺量：每10m检查5处
5	传力杆埋置深度（mm）	≥15d	尺量：每10m检查5处
6	施工缝错台（mm）	≤10	尺量：每个断面检查5处

注：表中d指传力杆直径。

7.7.3 混凝土衬砌更换的外观质量应符合下列规定：

1 混凝土表面应密实，无裂缝、无污染。每延米的隧道面积中，蜂窝、麻面和气泡面积不超过1%，深度超过10mm时应处理。

2 结构轮廓线条应顺直美观，表面协调一致，维修范围内混凝土颜色应均匀。

3 混凝土表面裂缝宽度应不大于0.2mm。

7.8 增设仰拱

7.8.1 增设仰拱应符合下列基本要求：

1 仰拱混凝土所用材料应满足设计要求并符合相关技术规范的规定。

2 与既有衬砌结构应连接牢固。

3 仰拱基底应无杂物、无积水、无虚渣。

7.8.2 增设仰拱实测项目应符合表 7.8.2 的规定。

表 7.8.2 增设仰拱实测项目

项次	检查项目	规定值或允许偏差	检查方法和频率
1△	混凝土强度（MPa）	在合格标准内	按附录 D 检查
2△	仰拱厚度（mm）	不小于设计值	尺量：每 10m 检查 1 个断面，每个断面检查 5 处
3	钢筋保护层厚度（mm）	不小于设计值	尺量：每 10m 检查 1 个断面，每个断面检查 3 处
4	植筋间距（mm）	±10	尺量：每 10m 检查 5 处
5	植筋深度（mm）	≥10d	尺量：每 10m 检查 5 处
6	植筋抗拔力（kN）	不小于 1.2 倍设计值	按附录 L 检验：随机抽查 1%，且不少于 3 根

注：第 4、5 项增设仰拱处前或后有仰拱段适用。其中 d 指钢筋直径。

7.8.3 增设仰拱外观质量应符合下列规定：

1 混凝土衬砌表面应密实。每延米面积中，蜂窝、麻面和气泡面积应不超过 1%。蜂窝、麻面深度应不超过 10mm。

2 混凝土表面裂缝宽度应不大于 0.2mm。

7.9 渗、漏水处治

7.9.1 渗、漏水处治应符合下列基本要求：

1 水管不得堵塞，管道材料应具有抗老化性和足够强度。

2 应先清除衬砌表面灰尘及劣化部分。

3 槽内止水材料应填充密实。

4 水泥砂浆防水层各层之间应结合牢固，无空鼓现象。

5 水泥砂浆防水层施工缝留茬位置应正确，接搓应按层次顺序操作，层层搭接紧密。

7.9.2 渗、漏水处治实测项目应符合表 7.9.2-1、表 7.9.2-2 的规定。

表 7.9.2-1　埋管引排水实测项目

项次	检 查 项 目	规定值或允许偏差	检查方法和频率
1	管槽尺寸(mm)	不小于设计值	尺量：每10m检查2处
2	管槽间距(mm)	±20	尺量：每10m检查2处
3	水管埋设位置(mm)	±20	尺量：每10m检查2处
4	连接固定点间距(mm)	±20	尺量：每管检查3处

表 7.9.2-2　止水实测项目

项次	检 查 项 目	规定值或允许偏差	检查方法和频率
1	平面尺寸(mm)	不小于设计值	尺量：每10m检查1个断面
2	止水层厚度(mm)	平均厚度≥设计值，最小厚度≥0.85设计值	尺量：每40m检查5处

7.9.3　渗、漏水处治外观质量应符合下列规定：

1　引、排水管应完好畅通、无渗水现象，并与衬砌附着牢固。

2　止水砂浆表面应平顺，均匀密实。

3　表面应整洁无污染。

7.10　冻害处治

7.10.1　冻害处治应符合下列基本要求：

1　防冻隔温层厚度、长度应满足设计要求。

2　防冻隔温层的基层应干燥、坚实、平整。

7.10.2　冻害处治实测项目应符合表7.10.2的规定。

表 7.10.2　冻害处治实测项目

项次	检 查 项 目		规定值或允许偏差	检查方法和频率
1△	防冻隔温层厚度(mm)		+6	插针法：每1m²检查1处
2	防冻隔温层长度(mm)		不小于设计值	尺量：每50m检查1处
3△	搭接长度(mm)		≥100	尺量：每5环搭接抽查3处
4	缝宽(mm)	焊接	焊缝宽≥10	尺量：每5环搭接抽查3处
		粘接	粘缝宽≥50	
5	固定点间距(m)		满足设计要求	尺量：每20m检查3处
6	焊缝密实性		满足设计要求	充气法：每20m检查1处焊缝
7	钢丝网搭接宽度(mm)		≥100	尺量：每个搭接段检查3处
8	龙骨安装偏差(mm)		≤5	尺量：每榀检查1处

注：防冻隔温层采用中间铺设法时检测项次3~6，采用表面喷涂法时检测项次7、8。

7.10.3 冻害处治外观质量应符合下列规定：

1　防冻隔温层表面应平顺，无明显突出部分，不得产生裂缝、空鼓、变形。

2　防冻隔温层接缝粘贴应密实饱满，无气泡、空隙。

3　处理过的部位不得出现渗漏水、结冰。

8 交通安全设施养护工程

8.1 一般规定

8.1.1 交通安全设施应保持完好，功能齐全；损坏的交通安全设施应按设计要求修复或更换，且应符合现行《公路交通安全设施施工技术规范》(JTG F71)的规定。

8.1.2 交通安全设施应经有资质的检测机构检测，并经进场检验确认满足设计要求后方可使用。

8.1.3 交通安全设施采用钢质材料时，应按现行《公路交通工程钢构件防腐技术条件》(GB/T 18226)的规定进行防腐处理。

8.1.4 交通安全设施中的各种构件及原材料，其型号规格和技术性能应符合设计要求和相关标准的规定。

8.1.5 交通安全设施养护工程中，如使用整修后的旧构件，其技术性能应符合本章相关规定，且应与相衔接的同类既有设施匹配。

8.1.6 用绿篱作隔离栅时，其质量要求和检验评定可参照本标准第9章的相关规定。

8.1.7 本章适用于交通安全设施的损坏修复或更换以及局部增设的质量检验。整路段新增的交通安全设施，宜按现行《公路工程质量检验评定标准 第一册 土建工程》(JTG F80/1)进行质量检验。

8.2 交通标志更换、增设

8.2.1 交通标志更换、增设应符合下列基本要求：

1 标志的设置位置、数量及安装角度应符合设计要求；板面信息不得被其他标志或树木等遮挡。

2 交通标志的字符、图形应符合现行《道路交通标志和标线 第2部分：道路交通标志》(GB 5768.2)的规定；标志板及支撑件应符合现行《道路交通标志板及支撑件》

（GB/T 23827）的规定。

3 标志的地基承载力应满足设计要求。标志钢构件的焊接部分应符合钢结构焊接规范的质量要求，无裂缝与未熔合、夹渣等缺陷。金属构件的镀层厚度应符合设计要求。

4 标志板面反光膜应符合现行《道路交通反光膜》（GB/T 18833）的规定；字符、图形不得拼接。

8.2.2 交通标志更换、增设实测项目应符合表 8.2.2 的规定。

表 8.2.2 交通标志更换、增设实测项目

项次	检查项目		规定值或允许偏差	检查方法和频率
1△	标志面反光膜逆反射系数 $(cd \cdot lx^{-1} \cdot m^{-2})$		符合设计要求	逆反射系数测试仪：每标志面板测 3 点
2△	标志面色度性能		符合设计要求	测色计：每标志面板测 3 点
3	标志板外形尺寸（mm）	边长＜1 200	±6	钢卷尺：每标志板长、宽各测 2 点
		边长≥1 200	±0.5%	
4△	标志板下缘至路面净空高度（mm）		+200，0	全站仪或钢卷尺：检查 100%
5	立柱内边缘距路肩边缘距离（mm）		≥250	钢卷尺：检查 100%
6	立柱竖直度（mm/m）		≤5	全站仪或靠尺、垂线：检查 100%
7	基础尺寸（mm）		+100，−50	钢卷尺：每基础长、宽各测 2 点
8△	基础混凝土强度（MPa）		符合设计要求	按附录 D 检查

注：项次 4 中，单悬臂式支撑结构不得向悬臂一侧倾斜。

8.2.3 交通标志更换、增设外观质量应符合下列规定：

1 标志板反光膜和标志金属构件镀层应无明显损伤。
2 紧固件数量及规格应符合设计规定，并应拧紧。

8.3 路面标线划设

8.3.1 路面标线划设应符合下列基本要求：

1 路面标线的颜色、形状和设置位置应符合现行《道路交通标志和标线 第 3 部分：道路交通标线》（GB 5768.3）的规定和设计要求。

2 路面标线材料应符合设计要求和现行《路面标线涂料》（JT/T 280）、《路面标线用玻璃珠》（GB/T 24722）、《道路预成形标线带》（GB/T 24717）、《路面防滑涂料》（JT/T 712）的相关规定；局部补划的路面标线材料及形状宜与相邻路段原有路面标线一致。

3 路面标线喷涂前应先清洁路面，保持路面干燥，无起灰现象。

4 复划标线前对基底原路面标线的清理应符合设计要求。

5 反光标线玻璃珠应撒布均匀，施划后标线应无起泡、剥落现象。

8.3.2 路面标线划设实测项目应符合表 8.3.2 的规定。

表 8.3.2 路面标线划设实测项目

项次	检 查 项 目		规定值或允许偏差	检查方法和频率
1	标线长度 （mm）	2 000～6 000	±0.005L	钢卷尺：每 200m 测 1 处，每处测 2 段
		1 000	±10	
2	标线纵向间距 （mm）	2 000～9 000	±0.005L_1	钢卷尺：每 200m 测 1 处，每处测 2 个间距
		1 000	±10	
3	标线宽度（mm）		+6，0	钢卷尺：每 100m 测 1 处
4△	标线厚度（mm）		符合设计要求	标线厚度测量仪或卡尺：每 100m 测 1 处，每处测 2 点
5	标线横向偏位（mm）		≤30	钢卷尺：每 100m 测 1 处
6△	反光标线逆反射亮度系数 （mcd·m^{-2}·lx^{-1}）		符合设计要求	标线逆反射测试仪、干湿表面逆反射标线测试仪：每 200m 测 1 处，每处测 5 点

注：项次 1 中 L 为标线纵向长度；项次 2 中 L_1 为标线纵向间隔距离。

8.3.3 路面标线划设外观质量应符合下列规定：

1 标线应具有良好的视认性，颜色均匀、边缘整齐；线形应流畅，应与道路线形相协调。

2 标线表面不应出现网状裂缝、断裂裂缝和起泡等现象；标线边缘不应出现明显毛边，复划标线应覆盖基底原路面标线。

8.4 里程碑、百米桩和界碑更换、增设

8.4.1 里程碑、百米桩和界碑更换、增设应符合下列基本要求：

1 混凝土预制及石质的百米桩、里程碑、界碑的几何尺寸和字符应符合现行《道路交通标志和标线 第 2 部分：道路交通标志》（GB 5768.2）的规定；混凝土及石料的强度、质量应符合设计要求和现行《公路圬工桥涵设计规范》（JTG D61）的相关规定。局部补设的百米桩、里程碑、界碑应与同路段原有百米桩、里程碑、界碑材质一致。

2 混凝土预制块件和石制块件不得有裂纹，不得采用风化石料；损边、掉角长度每处不得超过 15mm，否则应修补后才能安装使用。

3 金属板材反光型里程牌、百米牌的制作应符合现行《道路交通标志和标线 第 2 部分：道路交通标志》（GB 5768.2）的规定；反光膜应符合现行《道路交通反光膜》（GB/T 18833）的规定，且不得拼接。

4 里程碑和百米桩在安装前应进行里程定位。因安装位置受限而移位安装时产生

的位移量不得叠加至相邻安装段，且路段上的最大位移量不得超过 2m。

5 里程碑、百米桩、界碑应安装稳固，正面不得有遮挡视线的障碍物；里程碑、百米桩的正面不得偏向路面外侧。

8.4.2 里程碑、百米桩和界碑更换、增设实测项目应符合表 8.4.2 的规定。

表 8.4.2 里程碑、百米桩、界碑更换、增设实测项目

项次	检查项目		规定值或允许偏差	检查方法和频率
1	预制块件混凝土强度（MPa）		符合设计要求	按附录 D 检查
2	外形尺寸（mm）	高度、宽度	+10，−5	钢卷尺：里程碑检查 20%，百米桩、界碑检查 10%
		厚度	±5	
3	竖直度（mm/m）		≤10	靠尺、垂线：抽检 10%
4	顶端高度（mm）		±10	钢卷尺：抽检 10%
5	内侧距路边缘线距离（mm）		±20	钢卷尺：抽检 10%
6	基础尺寸（mm）		+50，−15	钢卷尺：抽检 10%

8.4.3 里程碑、百米桩和界碑更换、增设外观质量应符合下列规定：

1 混凝土预制块件表面应平整，色泽应均匀；蜂窝、麻面、小气孔、裂纹、石子外露和缺边掉角等缺陷面积不得超过构件同一侧表面积的 1%，深度不得超过 8mm。

2 石制块件表面应光滑平整、色泽均匀。

3 金属板材反光型里程牌、百米牌的面板不应有宽度超过 0.2mm 的划痕、面积超过 5mm² 的气泡和颜色不匀、明暗不匀等表面缺陷。

8.5 波形梁钢护栏更换、增设

8.5.1 波形梁钢护栏更换、增设应符合下列基本要求：

1 波形梁钢护栏的防护等级和路侧最小设置长度应符合现行《公路交通安全设施设计规范》（JTG D81）和《高速公路交通工程及沿线设施设计通用规范》（JTG D80）的规定。

2 波形梁钢护栏构件的材质、几何尺寸应符合现行《波形梁钢护栏 第 1 部分：两波形梁钢护栏》（GB/T 31439.1）、《波形梁钢护栏 第 2 部分：三波形梁钢护栏》（GB/T 31439.2）的规定，防腐层质量应符合现行《公路交通工程钢构件防腐技术条件》（GB/T 18226）的规定；局部更换的波形梁钢护栏材质、几何尺寸应与相邻的原有波形梁钢护栏一致。

3 波形梁钢护栏板的端部、中央分隔带开口及护栏过渡段的处理应符合设计要求。

4 波形梁钢护栏立柱、波形梁、防阻块及托架的安装应符合设计要求，不得现场焊割和钻孔；波形梁板应沿行车方向平顺搭接。

5 路肩和中央分隔带的土基压实度不应小于设计值，达不到压实度要求的路段不应进行护栏立柱打入施工；桥梁、石方路段和挡土墙上的护栏立柱的埋深及基础处理应符合设计要求。

8.5.2 波形梁钢护栏更换、增设实测项目应符合表 8.5.2 的规定。

表 8.5.2 波形梁钢护栏更换、增设实测项目

项次	检 查 项 目	规定值或允许偏差	检查方法和频率
1△	波形梁板基底板厚(mm)	符合 GB/T 31439.1、GB/T 31439.2 的规定	板厚千分尺：抽检 5%
2△	镀(涂)层厚度(μm)	符合设计要求	涂层测厚仪：抽检 5%
3	立柱埋入深度(mm)	不小于设计值	钢卷尺、过程检查：抽检 5%
4	立柱中距(mm)	±40	钢卷尺：每 200m 每侧检查 1 处
5	立柱竖直度(mm/m)	±10	靠尺、垂线：每 200m 每侧检查 1 处
6	立柱外边缘距路肩边缘线距离(mm)	≥250	钢卷尺：每 200m 每侧检查 1 处
7△	横梁中线高度(mm)	±20	钢卷尺：每 200m 每侧检查 1 处
8	螺栓终拧扭矩(N·m)	±10%	扭力扳手：每 200m 每侧检查 1 处

8.5.3 波形梁钢护栏更换、增设外观质量应符合下列规定：

1 波形梁钢护栏镀锌构件表面应具有均匀完整的锌层，颜色一致，表面具有实用性光滑，不得有流挂、滴瘤或多余结块、漏镀、气泡、剥落和宽度超过 0.5mm 的擦痕等缺陷；构件涂塑层应均匀光滑、连续，无肉眼可分辨的小孔、空间、孔隙、裂缝、脱皮等有害缺陷。

2 护栏安装线形应顺畅，并应与道路线形及两端既有护栏线形协调一致。

3 立柱、柱帽、波形梁板及防阻块、托架、端头均应安装牢固，不得有明显变形；紧固件不得缺失。

8.6 混凝土护栏整修、增设

8.6.1 混凝土护栏整修、增设应符合下列基本要求：

1 混凝土护栏的防护等级和路侧最小设置长度应符合现行《公路交通安全设施设计规范》(JTG D81) 和《高速公路交通工程及沿线设施设计通用规范》(JTG D80) 的规定。

2 混凝土护栏块件所用水泥、粗细集料、水、外加剂、掺合料和钢材等原材料的规格、质量以及混凝土配合比应符合设计要求和现行《公路桥涵施工技术规范》(JTG/T 3650) 的规定。

3 混凝土护栏块件标准段、混凝土护栏起终点及其他开口处的混凝土护栏块件的几何尺寸应符合设计要求；局部更换的混凝土护栏块件材质、尺寸应与相邻的原有混凝

土护栏一致。

4 各混凝土护栏块件之间、护栏与基础之间的连接以及护栏端头处理和过渡段的处理，均应符合设计要求。

5 混凝土护栏的地基承载力、埋入深度、配筋方式及数量应符合设计要求。

6 混凝土预制块件的损边、掉角的长度每处不得超过20mm，否则应修补后才能安装使用；断裂的混凝土护栏块件不得使用。

8.6.2 混凝土护栏整修、增设实测项目应符合表8.6.2的规定。

表8.6.2 混凝土护栏整修、增设实测项目

项次	检查项目		规定值或允许偏差	检查方法和频率
1△	护栏混凝土强度（MPa）		符合设计要求	按附录D检查
2	护栏断面尺寸（mm）	高度	±10	钢卷尺：每200m每侧检查1处
		顶宽及底宽	±5	
3	钢筋骨架尺寸（mm）		符合设计要求	钢卷尺：每200m每侧检查1处
4	横向偏位（mm）		±20或符合设计要求	钢卷尺：每200m每侧检查1处
5	拼接处高度及横向错位（mm）		≤5	钢直尺：每200m每侧检查1处
6	直线段护栏顺直度（mm）		≤30	20m拉线、钢直尺：每200m每侧检查1处
7	基础厚度（mm）		±10%H	钢卷尺、过程检查：每200m每侧检查1处

注：项次3钢筋骨架尺寸仅适用于现场浇筑；项次6中的H为基础的设计厚度。

8.6.3 混凝土护栏整修、增设外观质量应符合下列规定：

1 混凝土护栏块件表面色泽应均匀；蜂窝、麻面、裂缝、脱皮等缺陷面积不得超过该面面积的0.5%，深度不得超过10mm。

2 护栏安装线形应顺畅，并应与道路线形及两端既有护栏线形协调一致。

8.7 缆索护栏更换、增设

8.7.1 缆索护栏更换、增设应符合下列基本要求：

1 缆索护栏的防护等级和路侧最小设置长度应符合现行《公路交通安全设施设计规范》（JTG D81）和《高速公路交通工程及沿线设施设计通用规范》（JTG D80）的规定。

2 缆索、立柱、锚具、紧固件的材质、性能、结构、尺寸及镀层质量应符合设计要求和现行《缆索护栏》（JT/T 895）的规定。

3 护栏的端头处理及护栏过渡段的处理应符合设计要求。

4 立柱应安装牢固。采用挖埋法施工，立柱埋入土中时，回填土应分层（每层厚度不超过100mm）夯实；立柱埋入混凝土中时，基础混凝土的几何尺寸、强度等应符合

设计要求；采用打入法施工时，立柱顶部不应出现明显变形、倾斜扭曲或卷边等现象。

5 端部立柱调节螺杆行车方向外露部分长度和安全防护形式应符合设计要求。

8.7.2 缆索护栏更换、增设实测项目应符合表 8.7.2 的规定。

表 8.7.2 缆索护栏更换、增设实测项目

项次	检查项目	规定值或允许偏差	检查方法和频率
1△	初张力（kN）	±5%	张拉计、过程检查：逐根检查
2	最下一根缆索的高度（mm）	±20	钢卷尺：每200m 每侧检查 1 处
3	立柱中距（mm）	±40	钢卷尺：每200m 每侧检查 1 处
4	立柱竖直度（mm/m）	≤10	靠尺、垂线：每200m 每侧检查 1 处
5	立柱埋置深度（mm）	不小于设计值	钢卷尺：每200m 每侧检查 1 处
6	混凝土基础尺寸（mm）	符合设计要求	钢卷尺、过程检查：每200m 每侧检查 1 处
7	基础混凝土强度（MPa）	符合设计要求	按附录 D 检查

8.7.3 缆索护栏更换、增设外观质量应符合下列规定：

1 金属构件表面不得有流挂、滴瘤或多余结块、漏镀、气泡、剥落和宽度超过 0.5mm 的擦痕等表面缺陷。

2 索端锚具、托架、索夹螺栓应安装到位、固定牢固；托架编号和组合应与缆索护栏的类别相适应；上、下托架位置应正确，中央分隔带缆索护栏的托架应两边对称。

3 护栏安装线形应顺畅，并应与道路线形及两端既有护栏线形协调一致。

8.8 混凝土隔离墩更换、增设

8.8.1 混凝土隔离墩更换、增设应符合下列基本要求：

1 混凝土预制块件所用水泥、粗细集料、水、外加剂、掺合料和钢材等原材料的规格、质量以及混凝土配合比应符合设计要求和现行《公路桥涵施工技术规范》（JTG/T 3650）的规定。

2 混凝土预制块件的表面颜色、反光以及各混凝土预制块件之间、预制块件与基础之间的连接方式应符合设计要求。

3 混凝土预制块件的损边、掉角的长度每处不得超过 20mm，否则应修补后才能安装使用；断裂的混凝土预制块件不得使用。

8.8.2 混凝土隔离墩更换、增设实测项目应符合表 8.8.2 的规定。

表 8.8.2 混凝土隔离墩更换、增设实测项目

项次	检查项目		规定值或允许偏差	检查方法和频率
1△	块件混凝土强度（MPa）		符合设计要求	按附录 D 检查
2△	预制块件的几何尺寸（mm）		±5	钢卷尺：每 200m 检查 1 处，每处检查 3 块
3	拼接处高度及横向错位（mm）		≤5	钢直尺：每 200m 检查 1 处，每处检查 3 块
4	直线段顺直度（mm）	有混凝土基础	≤30	20m 拉线、钢直尺：每 200m 检查 2 处
		无混凝土基础	≤20	
5	轴线横向偏位（mm）		≤50	钢卷尺：每 200m 检查 2 处
6	基础混凝土强度（MPa）		符合设计要求	按附录 D 检查

注：预制块件的几何尺寸包括起终点及开口处。

8.8.3 混凝土隔离墩更换、增设外观质量应符合下列规定：

1 水泥混凝土块件表面的色泽应均匀一致；蜂窝、麻面、小气孔、裂纹、脱皮、石子外露和缺边掉角等缺陷面积不得超过构件表面积的 1%，缺陷深度不得超过 10mm。

2 隔离墩线形应顺畅，并应与道路线形协调一致。

8.9 隔离栏更换、增设

8.9.1 隔离栏更换、增设应符合下列基本要求：

1 所有金属构件的材质、规格及防腐处理、接头位置应符合设计要求。

2 明显变形和弯曲度超过 10mm/m 的构件不得使用。

3 立柱埋深和基础尺寸应符合设计要求。

4 立柱与金属栏之间的连接应稳固。

5 竖直杆件顶端应有端盖，隔离栏的起终点应符合端头封围的设计要求。

8.9.2 隔离栏更换、增设实测项目应符合表 8.9.2 的规定。

表 8.9.2 隔离栏更换、增设实测项目

项次	检查项目	规定值或允许偏差	检查方法和频率
1△	金属构件镀（涂）层厚度（μm）	符合设计要求	测厚仪：每 100m 测 1 处
2	立柱顶高度（mm）	+20，−10	钢卷尺：每 100m 测 1 处
3	立柱竖直度（mm/m）	±10	竖直度测量仪：每 100m 测 1 处
4	拼接处高度及横向错位（mm）	≤5	钢直尺：每 100m 测 2 处
5	顺直度（mm）	≤30	20m 拉线、钢直尺：每 100m 测 1 处
6	基础混凝土强度（MPa）	符合设计要求	按附录 D 检查

8.9.3 隔离栏更换、增设外观质量应符合下列规定：

1 外观应色泽一致。

2 有金属构件防护层的剥落、气泡、露铁、流挂、滴瘤、擦伤、锈蚀等表面缺陷面积不得超过该构件表面积的 1%。

8.10 突起路标更换、增设

8.10.1 突起路标更换、增设应符合下列基本要求：

1 突起路标产品应符合现行《突起路标》（GB/T 24725）、《太阳能突起路标》（GB/T 19813）的规定和设计要求。

2 突起路标的布设应符合设计要求和现行《道路交通标志和标线 第 3 部分：道路交通标线》（GB 5768.3）的规定。

3 突起路标应在路面干燥、清洁并经测量定位后施工。

4 突起路标与路面应黏结牢固。

8.10.2 突起路标更换、增设实测项目应符合表 8.10.2 的规定。

表 8.10.2 突起路标更换、增设实测项目

项次	检 查 项 目	规定值或允许偏差	检查方法和频率
1	安装角度（°）	±5	量角尺：抽检 10%
2	纵向间距（mm）	±100	钢卷尺：抽检 10%
3	横向偏位（mm）	±50	钢卷尺：抽检 10%

8.10.3 突起路标更换、增设外观质量应符合下列规定：

1 突起路标不得有明显的损伤、破裂和脱落；黏结剂不得造成路面污染。

2 突起路标安装线形应顺畅，并应与道路线形协调一致。

8.11 轮廓标更换、增设

8.11.1 轮廓标更换、增设应符合下列基本要求：

1 轮廓标产品应符合现行《轮廓标》（GB/T 24970）的规定和设计要求。

2 轮廓标的布设应符合设计要求和现行《公路交通安全设施设计规范》（JTG D81）的规定。

3 柱式轮廓标的基础混凝土强度、基础尺寸应符合设计要求。

4 轮廓标应安装牢固，色度性能和光度性能应符合设计要求。

8.11.2 轮廓标更换、增设实测项目应符合表 8.11.2 的规定。

表 8.11.2 轮廓标更换、增设实测项目

项次	检 查 项 目	规定值或允许偏差	检查方法和频率
1	反射器安装角度(°)	±5	量角尺：抽检5%
2	反射器中心高度(mm)	±25	钢卷尺：抽检5%
3	柱式轮廓标竖直度(mm/m)	≤10	靠尺、垂线：抽检5%

8.11.3 轮廓标更换、增设外观质量应符合下列规定：

1 轮廓标及反射器不得有明显的污损；反射器不得有缺失、破裂。

2 轮廓标安装线形应顺畅，并应与道路线形协调一致。

8.12 防眩设施更换、增设

8.12.1 防眩设施更换、增设应符合下列基本要求：

1 防眩设施产品应符合现行《防眩板》(GB/T 24718)的规定和设计要求。

2 防眩设施整体布设应符合设计要求和现行《公路交通安全设施设计规范》(JTG D81)的规定；遮光角和防眩板的几何尺寸均应符合设计要求。

8.12.2 防眩设施更换、增设实测项目应符合表 8.12.2 的规定。

表 8.12.2 防眩设施更换、增设实测项目

项次	检 查 项 目	规定值或允许偏差	检查方法和频率
1△	防眩板安装高度(mm)	±10	钢卷尺：抽检5%
2	防眩板设置间距(mm)	±15	钢卷尺：抽检5%
3	防眩板竖直度(mm/m)	≤8	靠尺、垂线：抽检5%
4	防眩网网孔尺寸(mm)	符合设计要求	钢直尺：每200m测1处，每处测3孔

8.12.3 防眩设施更换、增设外观质量应符合下列规定：

1 防眩设施应安装牢固；表面应色泽均匀，不得有气泡、裂纹、疤痕等缺陷。

2 防眩设施安装线形应顺畅，并应与道路线形协调一致。

8.13 隔离栅和防落网更换、增设

8.13.1 隔离栅和防落网更换、增设应符合下列基本要求：

1 隔离栅和防落网产品应符合现行《隔离栅 第1部分：通则》(GB/T 26941.1)、《隔离栅 第2部分：立柱、斜撑和门》(GB/T 26941.2)、《隔离栅 第3部分：焊接网》(GB/T 26941.3)、《隔离栅 第4部分：刺钢丝网》(GB/T 26941.4)、《隔离栅 第5部分：编织网》(GB/T 26941.5)及《隔离栅 第6部分：钢板网》(GB/T 26941.6)的规

定和设计要求。

2 隔离栅和防落网的安装位置应符合设计规定。

3 立柱的强度应符合设计要求；折断或有明显缺陷的立柱不得使用。

4 立柱与基础、立柱(框架)与网片之间的连接应稳固；网面应平整绷紧。

5 防落网应网孔均匀，结构牢固，围封严实。

6 隔离栅起终点及遇桥梁、通道断开处，应符合端头封围的设计要求；跨越沟渠等形成的隔离栅下缘空缺处应按设计要求实施封堵。

8.13.2 隔离栅和防落网更换、增设实测项目应符合表 8.13.2 的规定。

表 8.13.2 隔离栅和防落网更换、增设实测项目

项次	检查项目		规定值或允许偏差	检查方法和频率
1	柱顶高度(mm)		±15	钢卷尺：每200m测1处
2	立柱中距(mm)	焊接网、钢板网	±30	钢卷尺：每200m测1处
		编织网、刺钢丝网	±60	
3	立柱竖直度(mm/m)		≤10	靠尺、垂线：每200m测1处
4	立柱埋深(mm)		不小于设计值	钢卷尺、过程检查：每200m测1处
5	基础尺寸(mm)		+50，−15	钢卷尺：每200m测1处
6	网面上沿高度(mm)		±15	钢卷尺：每200m测1处
7	刺钢丝的中心垂度(mm)		≤15	拉线、钢直尺：每200m测1处

8.13.3 隔离栅和防落网更换、增设外观质量应符合下列规定：

1 钢板网、编织网不得断丝，焊接网不得脱焊、虚焊。

2 金属构件的镀锌层应均匀完整、颜色一致，不得有流挂、滴瘤或多余结块、漏镀、露铁等缺陷；构件涂(浸)塑层应均匀光滑、连续，无肉眼可分辨的小孔、空间、孔隙、裂缝、脱皮等缺陷。

3 混凝土立柱表面应平整；蜂窝、麻面、小气孔、裂纹、石子外露和缺边掉角等缺陷面积不得超过构件同一侧表面积的4%，深度不得超过10mm。

4 安装线形应顺畅，并应与地形相协调。

8.14 金属框架声屏障更换、增设

8.14.1 金属框架声屏障更换、增设应符合下列基本要求：

1 整修和更换金属框架声屏障的结构和降噪效果应符合设计要求。

2 所用的声屏障体、金属立柱应经进场检验，确认其材质、规格、颜色符合设计要求，并与同路段原有金属结构声屏障基本一致后方可使用。

3 基础的承载力及埋置深度、材料质量应符合设计要求。

4 所使用的焊接材料和紧固件应符合设计要求；焊接不得有裂纹、未熔合、夹渣和未填满弧坑等缺陷。

5 立柱与基础、立柱(框架)与屏体之间的连接应稳固；固定件位置应正确，数量应符合设计要求。

6 局部更换或增设的声屏障应与两端衔接的既有声屏障及桥梁等构筑物相协调。

8.14.2 金属框架声屏障更换、增设实测项目应符合表 8.14.2 的规定。

表 8.14.2 金属框架声屏障更换、增设实测项目

项次	检 查 项 目	规定值或允许偏差	检查方法和频率
1△	基础混凝土强度(MPa)	符合设计要求	按附录 D 检查
2	基础外露宽度(mm)	±25	钢卷尺：按标准段数检查30%
3	与路肩边线位置偏移(mm)	±25	钢卷尺：按标准段数检查30%
4△	顶面高程(mm)	±20	水准仪：按标准段数检查30%
5	金属立柱中距(mm)	±20	钢卷尺：按标准段数检查30%
6	金属立柱竖直度(mm/m)	≤5	靠尺、垂线：按标准段数检查30%
7	镀(涂)层厚度(μm)	不小于规定值	测厚仪：按标准段数检查20%
8△	屏体背板厚度(mm)	±0.1	游标卡尺：按屏体总块数检查5%
9	屏体整体平整度(mm)	≤10	2m 直尺、塞尺：每50m 测1处×5尺

注：标准段长度应符合设计要求。

8.14.3 金属框架声屏障更换、增设外观质量应符合下列规定：

1 镀(涂)层应均匀；剥落、气泡、漏镀(涂)、刻痕、擦伤等表面缺陷面积不得超过该构件表面积的 0.2%。

2 屏体颜色应均匀一致，无裂纹，划伤面积不得超过该构件表面积的 0.1%。

3 屏体与立柱(框架)、屏体之间的连接缝应密实；所有紧固件应按规定拧紧。

4 基础外观应平整，不得造成路面污染及构筑物损坏。

9 绿化养护工程

9.1 一般规定

9.1.1 公路绿化应及时养护，保持形态整齐，无死树残桩，无影响植物生长的病虫害；绿地内应保持整洁、无积水。不符合要求的和缺损的绿化应按本章规定进行更新、补植和调整。

9.1.2 植物材料和绿化辅助材料的质量与规格应在栽植前分批进行检验；种植植物的定位应在挖种植穴（槽）前进行检验；种植穴（槽）以及客土或施肥量等应在种植前进行检验评定；种植植物的成活率、覆盖率的检验评定应在一个年生长周期满后进行。

9.1.3 绿化养护工程应满足交通功能的需要，不得影响行车安全视距和公路排水，不得遮挡交通标志。

9.2 栽植土补缺、更换

9.2.1 栽植土补缺、更换应符合下列基本要求：
1 栽植土壤应符合植物生长要求，理化指标应符合设计要求。
2 栽植土层应平整；排水坡度和土层下渗水途径应符合设计要求。

9.2.2 栽植土补缺、更换实测项目应符合表 9.2.2 的规定。

表 9.2.2 栽植土补缺、更换实测项目

项次	检 查 项 目		规定值或允许偏差	检查方法和频率
1	有效土层厚度 （mm）	大、中乔木	≥1 000	挖样洞、钢卷尺：每500m² 测1点
		小乔木及大、中灌木	≥800	
		小灌木、宿根花卉	≥400	
		草本地被、草坪	≥300	
2	栽植土块径 （mm）	大、中乔木	≤80	钢卷尺：每100m² 取1m² 为1点
		小乔木及大、中灌木	≤60	
		小灌木、宿根花卉	≤40	
		草本地被、草坪	≤25	

9.2.3 栽植土补缺、更换外观质量应符合下列规定：

1 栽植土层经自然沉降后表面应无明显低洼或积水。

2 栽植土表层不得有成堆块径超过60mm（乔木及大、中灌木）或超过20mm（草坪、地被）的瓦砾、废渣等杂物。

9.3 植物材料更新、补缺

9.3.1 植物材料更新、补缺应符合下列基本要求：

1 植物材料的种类、规格应符合设计要求，并与周边既有植物相适配；应生长健壮，根系无明显损伤，严禁带有严重病害、虫害、草害；播种用的种子应提供由国家法定种子检验机构出具的种子质量检验报告，外省市调入的苗木和种子还应有植物检疫证明。

2 树冠应基本完好，不脱脚，生长健壮；不应有影响生长或景观的损伤。

3 草块尺寸应基本一致；木、草本地被应发育匀齐，根系应良好、无损伤。

4 植物材料应按附表K.1.3要求进行现场接收。

9.3.2 植物材料更新、补缺实测项目应符合表9.3.2-1～表9.3.2-4的规定。

表9.3.2-1 植物材料（乔木）更新、补缺实测项目

项次	检查项目			规定值或允许偏差	检查方法和频率
1△	胸径φ（mm）		≤50	−5	钢卷尺：抽检10%，且不少于10株
			50～200	−10%φ	
			>200	−20	
2	高度h（mm）			+500，−200	钢卷尺：抽检10%，且不少于10株
3	冠径p（mm）			−200	钢卷尺：抽检10%，且不少于10株
4	土球、裸根树木根系	直径（mm）	D≤200	8～10倍φ	按附录K.1.3：查施工单位资料和监理检查资料
			D>200	6～8倍φ	
		纵向深度（mm）		2/3泥球或根系直径	

注：φ为植株的设计胸径，即树木主干离地表面1.30m处的直径；h为植株的设计高度；p为植株的设计蓬径，即树木冠幅的直径。

表9.3.2-2 植物材料（灌木）更新、补缺实测项目

项次	检查项目	规定值或允许偏差	检查方法和频率
1	地径d（mm）	−10	钢卷尺：抽检5%，且不少于10株
2△	高度h（mm）	±10%h，且+300，−100	钢卷尺：抽检5%，且不少于10株
	冠径p（mm）	−10%p，且−100	钢卷尺：抽检5%，且不少于10株

续表9.3.2-2

项次	检查项目			规定值或允许偏差	检查方法和频率
3	土球、裸根树木根系	直径（mm）	有主干	8～10倍d	按附录K.1.3：查施工单位资料和监理检查资料
			无主干	根丛的1.5倍	
		纵向深度（mm）		2/3泥球或根系直径	

注：d为植株的设计地径，即树木离地表200mm处树干的直径；h为植株的设计高度；p为植株的设计蓬径，即树木冠幅的直径。

表9.3.2-3 植物材料（球类）更新、补缺实测项目

项次	检查项目		规定值或允许偏差	检查方法和频率
1△	冠径p（mm）	≤3 000	−10%p	钢卷尺：抽检5%，且不少于20株
		>3 000	−300	
2	高度h（mm）	≤3 000	−10%h	钢卷尺：抽检5%，且不少于20株
		>3 000	−300	
3	土球、裸根树木根系	直径	8～10倍d	按附录K.1.3：查施工单位资料和监理检查资料
		深度	2/3泥球或根系直径	

注：d为植株的设计地径，即树木离地表200mm处树干的直径；h为植株的设计高度；p为植株的设计蓬径，即树木冠幅的直径。

表9.3.2-4 植物材料（草块和草本地被）更新、补缺实测项目

项次	检查项目	规定值或允许偏差	检查方法和频率
1	草块土层厚度（mm）	≥25	钢卷尺：每100m² 抽检1处5m²
2	草卷土层厚度（mm）	≥15	钢卷尺：每100m² 抽检1处5m²
3△	杂草含量（%）	≤5	观察、钢卷尺：每100m² 抽检1处5m²

注：杂草含量为检查的草坪和草本地被中杂草覆盖面积占实际种植的草坪和草本地被的总面积的比率。

9.3.3 植物材料更新、补缺外观质量应符合下列规定：

1 乔木主干应挺直，灌木重心应无明显偏斜。

2 草皮、地被应整齐、健壮。

9.4 乔木、灌木栽植

9.4.1 乔木、灌木栽植应符合下列基本要求：

1 放样定位和种植穴规格应符合设计要求；树木栽植不应影响行车安全视距。

2 树干应与地平面垂直；扎缚应恰当，不得伤及树木。

3 修剪切口应平整，留枝正确，树形匀称；绿篱、色块、球类的栽植、修剪应整齐，线条分明，无空缺。

9.4.2 乔木、灌木栽植实测项目应符合表9.4.2的规定。

表9.4.2 乔木、灌木栽植实测项目

项次	检查项目		规定值或允许偏差	检查方法和频率
1	放样定位（mm）		+5%L，且≤200	钢卷尺：抽检5%
2	数量		≥设计数量	目测计数：检查全部
3	栽植深度		根颈上部应高于种植地面或与种植地面齐平	查施工单位资料和监理检查资料
4△	成活率（%）	平原、微丘区	≥95	按附录K.1.4目测计数：检查全部
		山区	≥90	
		高寒草原区及沙、碱、干旱区	≥85	

注：L为设计间距；根颈指乔木主干基部20cm的部分。

9.4.3 乔木、灌木栽植外观质量应符合下列规定：

1 支撑材料的高度、支撑方向、扎缚位置应整齐、统一。

2 绿篱不得有空缺。

9.5 草坪、草本地被栽植

9.5.1 草坪、草本地被栽植应符合下列基本要求：

1 籽播或散铺草坪应平整、均匀，生长势良好。

2 草块、草卷铺种的间隙应均匀，密度应符合设计要求，株行距应基本均匀；草势生长方向应一致，生长势良好。

9.5.2 草坪、草本地被栽植实测项目应符合表9.5.2的规定。

表9.5.2 草坪、草本地被栽植实测项目

项次	检查项目		规定值或允许偏差	检查方法和频率
1	空秃面积（m²）		≤2%S，且单块≤0.3	钢卷尺：每500m²抽检1处50m²
2	籽播空面积（m²）		≤5%S，且单块≤0.5	钢卷尺：每500m²抽检1处50m²
3	相邻高差（mm）	草块	≤10	水平尺、钢卷尺：每500m²抽检1处50m²，每处不少于10点
		草卷	≤15	
4	草块（卷）接缝宽（mm）		15~20	钢卷尺：每500m²抽检1处50m²，每处不少于10点
5△	覆盖率（%）	平原、微丘区	≥95	按附录K.1.4目测、钢卷尺：检查全部
		山区	≥90	
		高寒草原区及沙、碱、干旱区	≥80	

注：S为草坪或草本地被的总面积。覆盖率为检查的草坪和草本地被的实际覆盖面积占种植的草坪和草本地被总面积的比率。

9.5.3 草坪、草本地被栽植外观质量应符合下列规定：

1　草块、草卷应与土壤密结。

2　草坪、地被不得有连续空秃。

附录 A 养护工程的划分

A.0.1 公路养护工程应按表 A.0.1 的规定划分为若干个养护单元。

表 A.0.1 公路养护工程的划分

养 护 工 程	养 护 单 元
路基、排水及支挡养护工程	路基养护工程：长度不超过1km的每一处路基构造物应按下列维修、加固的工艺或方法，分别作为一个养护单元，包括：填方土边坡修复，土方路基修复，填石路基修复。每一处的长度较短时，可将3~5处相同维修、加固的工艺或方法合并作为一个养护单元
	排水设施养护工程：每一处排水设施应按下列养护工艺或方法，分别作为一个养护单元，包括：管道铺设，检查(雨水)井整修、增设，土沟整修、增设，砌筑排水沟整修、增设，急流槽及跌水整修、增设，盲沟整修、增设，泄水孔整修、增设
	支挡、防护及其他砌筑养护工程：每一处支挡、防护和砌筑工程均应按下列养护工艺或方法，分别作为一个养护单元，包括：砌体挡土墙修复，护面墙修复，预应力锚杆、锚索加固，锥、护坡修复，边坡锚喷防护，边坡框架梁加注浆锚杆防护
路面养护工程	每10 000~35 000m²的下列路面养护作业，分别作为一个养护单元：加铺或铣刨重铺沥青混凝土面层，微表处和稀浆封层，碎石封层，就地热再生，含砂雾封层，沥青路面局部挖补，加铺水泥混凝土面层，水泥混凝土路面换板，水泥混凝土路面板底注浆，水泥混凝土路面刻槽，水泥混凝土路面碎石化，沥青碎石基层翻修，厂拌冷再生、就地冷再生、全深式冷再生，稳定土基层翻修，稳定粒料基层翻修，级配碎石基层翻修； 每5 000~10 000延米的沥青路面开槽灌缝，作为一个养护单元
桥梁、涵洞养护工程	桥梁养护工程：每一桥梁构件、部件均应按下列维修、加固的工艺或方法，分别作为一个养护单元，包括：桥面铺装维修，伸缩装置更换，排水设施维修，混凝土栏杆及护栏维修，梁体顶升，支座更换，混凝土表面缺陷修补，混凝土裂缝修补，混凝土构件表面防护，植筋，钢筋混凝土增大截面，设置体外预应力，粘贴钢板，粘贴碳纤维复合材料，钢结构涂装防护，高强螺栓更换，钢管混凝土拱脱空注浆，钢管混凝土拱外包混凝土，更换吊杆、吊索和拱桥系杆，斜拉桥换索及调索，斜拉索、吊杆防护套补修，混凝土盖梁、台帽维修，墩身外包钢，钢花管注浆锚杆加固桥台，墩、台增补静压桩，桩身修补
	涵洞养护工程：每一座涵洞应按下列维修、加固的工艺或方法，分别作为一个养护单元，包括：涵洞接长，台身增大截面加固，基础注浆加固，混凝土涵管增大截面加固，拱涵主拱圈增大截面加固，一字墙和八字墙局部更换砌块
隧道养护工程	每一座隧道每10m纵向施工长度的衬砌背面压(注)浆，喷射混凝土加固，套(嵌)拱，增设仰拱；每200m累计长度渗、漏水处治；每6m混凝土衬砌更换；每50m施工长度的排水设施维修，冻害处治；每100m累计施工长度的人行道(检修道)维修，分别作为一个养护单元

续表 A. 0. 1

养 护 工 程	养 护 单 元
交通安全设施养护工程	每 5~10km 累计施工长度的下列养护作业，分别作为一个养护单元：交通标志更换、增设，路面标线划设，里程碑、百米桩和界碑更换、增设，波形梁钢护栏更换、增设，混凝土护栏整修、增设，缆索护栏更换、增设，混凝土隔离墩更换、增设，隔离栏更换、增设，突起路标更换、增设，轮廓标更换、增设，防眩设施更换、增设，隔离栅和防落网更换、增设； 　　每处声屏障的下列养护作业分别作为一个养护单元：金属框架声屏障更换、增设
绿化养护工程	每 1~3km 累计施工长度的下列养护作业，分别作为一个养护单元，包括：栽植土补缺、更换，植物材料更新、补缺，乔木、灌木栽植，草坪、草本地被栽植

注：表中"每一处"指每一个连续养护段落。

附录 B 路基、路面压实度评定

B.0.1 路基和路面基层、底基层的压实度以重型击实标准为准。沥青层压实度应以现行《公路沥青路面施工技术规范》（JTG F40）的规定为准，其中沥青混凝土面层压实度以马歇尔稳定度击实成型标准密实度为准。对于特殊干旱、潮湿地区或过湿土，可按现行《公路路基设计规范》（JTG D30）、《公路路基施工技术规范》（JTG/T 3610）规定的压实度标准进行评定。

B.0.2 标准密度应做平行试验，取平均值作为现场检验的标准值。对均匀性差的路基土质和路面结构层材料，应根据实际情况增补标准密度试验，求得相应的标准值。

B.0.3 细粒土现场压实度检测可采用现行挖坑灌砂法测定压实度试验方法（T0921）或环刀法测定压实度试验方法（T0923）；粗粒土及路面基层压实度检测可采用现行挖坑灌砂法测定压实度试验方法（T0921）、水袋法或钻芯法测定沥青面层压实度试验方法（T0924）；路面面层压实度检测宜采用现行钻芯法测定沥青面层压实度试验方法（T0924）。

B.0.4 路基、路面压实度应以养护单元为检验评定单元，按下列检测频率进行现场压实度抽样检查（每个养护单元应不少于6处），求算每一测点的压实度 K_i：

1 路基每压实层、每1 000 m^2 测1处；
2 路面基层、底基层每1 000 m^2 测1处；
3 沥青面层每1 500 m^2 测1处。

B.0.5 检验评定段的压实度代表值 K（算术平均值的下置信界限）为：

$$K = \bar{k} - St_\alpha / \sqrt{n} \geq K_0 \tag{B.0.5}$$

式中：$\bar{k}$——检验评定段内各测点压实度的平均值；

t_α——t 分布表中随测点数和保证率（或置信度 α）而变的系数，t_α 见表 B.0.5；采用的保证率：高速公路、一级公路的基层、底基层为99%，路基、路面面层为95%；其他公路的基层、底基层为95%，路基、路面面层为90%；

S——检测值的标准差；

n——检测点数；

K_0——压实度标准值。

表 B. 0. 5 $t_\alpha / \sqrt{n}$ 值

n	保 证 率			n	保 证 率		
	99%	95%	90%		99%	95%	90%
2	22. 501	4. 465	2. 176	21	0. 552	0. 376	0. 289
3	4. 021	1. 686	1. 089	22	0. 537	0. 367	0. 282
4	2. 270	1. 177	0. 819	23	0. 523	0. 358	0. 275
5	1. 676	0. 953	0. 686	24	0. 510	0. 350	0. 269
6	1. 374	0. 823	0. 603	25	0. 498	0. 342	0. 264
7	1. 188	0. 734	0. 544	26	0. 487	0. 335	0. 258
8	1. 060	0. 670	0. 500	27	0. 477	0. 328	0. 253
9	0. 966	0. 620	0. 466	28	0. 467	0. 322	0. 248
10	0. 892	0. 580	0. 437	29	0. 458	0. 316	0. 244
11	0. 833	0. 546	0. 414	30	0. 449	0. 310	0. 239
12	0. 785	0. 518	0. 393	40	0. 383	0. 266	0. 206
13	0. 744	0. 494	0. 376	50	0. 340	0. 237	0. 184
14	0. 708	0. 473	0. 361	60	0. 308	0. 216	0. 167
15	0. 678	0. 455	0. 347	70	0. 285	0. 199	0. 155
16	0. 651	0. 438	0. 335	80	0. 266	0. 186	0. 145
17	0. 626	0. 423	0. 324	90	0. 249	0. 175	0. 136
18	0. 605	0. 410	0. 314	100	0. 236	0. 166	0. 129
19	0. 586	0. 398	0. 305	>100	$\dfrac{2. 326 5}{\sqrt{n}}$	$\dfrac{1. 644 9}{\sqrt{n}}$	$\dfrac{1. 281 5}{\sqrt{n}}$
20	0. 568	0. 387	0. 297				

B. 0. 6 路基、路面压实度的合格评定应符合下列规定:

1 路基、基层:当 $K \geqslant K_0$,且单点压实度 K_i 全部大于或等于规定值减 2 个百分点时,评定路段的压实度合格率为 100%;当 $K \geqslant K_0$,且单点压实度 K_i 全部大于或等于规定极值时,按测定值不低于规定值减 2 个百分点的测点数计算合格率。$K < K_0$ 或某一单点压实度 K_i 小于规定极值时,该评定路段压实度为不合格,相应养护单元工程评为不合格。路堤施工段较短时,分层压实度应点点符合要求,且样本数不少于 6 个。

2 沥青面层:当 $K \geqslant K_0$,且全部测点压实度大于或等于规定值减 1 个百分点时,评定路段的压实度合格率为 100%;当 $K \geqslant K_0$ 时,按测定值不低于规定值减 1 个百分点的测点数计算合格率。$K < K_0$ 时,评定路段的压实度为不合格,相应养护单元工程评为不合格。

B.0.7 路面结构层压实度施工过程质量控制可采用现行无核密度仪测定压实度试验方法(T0925)或核子密湿度仪测定压实度试验方法(T0922)。测定前无核密度仪或核子密湿度仪应根据同路段 T0921、T0923 或 T0924 测定的压实度进行对比试验和标定;检测频率和计算评定方法宜符合 T0925 或 T0922 的规定。

附录 C 水泥混凝土弯拉强度评定

C.0.1 混凝土弯拉强度评定应采用现行水泥混凝土抗弯拉强度试验方法（T0558）或水泥混凝土圆柱体劈裂抗弯拉强度试验方法（T0561）；试件使用标准方法制作，标准养生时间 28d；路面钻芯劈裂时间，不掺粉煤灰宜用 28d，掺粉煤灰宜用 28～56d。

C.0.2 混凝土弯拉强度应以养护单元为检验评定单元，检查频率应符合下列规定：

1 高速公路和一级公路每 2 000m² 混合料制作 1 组试件，每工作班至少制作 2 组。

2 其他公路每 3 000m² 混合料制作 1 组试件，每工作班至少制作 1 组。

3 每组 3 个试件的平均值作为 1 个统计数据。

C.0.3 混凝土弯拉强度的合格评定应符合下列规定：

1 试件组数大于 10 组时，平均弯拉强度合格判断式为：

$$f_{cs} \geq f_r + K_\sigma \qquad (C.0.3\text{-}1)$$

$$\sigma = C_v \overline{f_c} \qquad (C.0.3\text{-}2)$$

式中：f_{cs}——混凝土合格判定平均弯拉强度（MPa）；

f_r——设计弯拉强度标准值（MPa）；

K_σ——合格判定系数，见表 C.0.3；

σ——弯拉强度统计均方差；

C_v——实测弯拉强度统计变异系数；

$\overline{f_c}$——实测弯拉强度统计平均值（MPa）。

表 C.0.3 合格判定系数

试件组数 n	11～14	15～19	≥20
合格判定系数 K_σ	0.75	0.70	0.65

当试件组数为 11～19 组时，允许有一组最小弯拉强度小于 0.85f_r，但不得小于 0.80f_r。当试件组数大于 20 组时，高速公路和一级公路均不得小于 0.85f_r；其他公路允许有一组最小弯拉强度小于 0.85f_r，但不得小于 0.80f_r。

2 试件组数等于或小于 10 组时，试件平均强度不得小于 1.15f_r，任一组强度均不得小于 0.85f_r。

3 实测弯拉强度统计变异系数 C_v 值应符合设计要求。

C.0.4　当标准小梁合格判定平均弯拉强度 f_{cs}、最小弯拉强度 f_{min} 和统计变异系数 C_v 值中有一个不符合上述要求时，应在不合格路段每公里每车道钻取 3 个以上 $\phi150\text{mm}$ 的芯样，实测劈裂强度。通过各自工程的经验统计公式换算弯拉强度，其合格判定平均弯拉强度 f_{cs} 和最小值 f_{min} 必须合格；否则，应返工重铺。

C.0.5　水泥混凝土弯拉强度评为不合格时，相应养护单元评为不合格。

附录 D 水泥混凝土抗压强度评定

D.0.1 评定水泥混凝土的抗压强度,宜采用现行水泥混凝土立方体抗压强度试验方法(T0553),以标准养生 28d 龄期的试件为准。试件为边长 150mm 的立方体,3 个试件为 1 组,不同强度等级及不同配合比的混凝土应在浇筑地点或拌和地点分别随机制取试件。

D.0.2 水泥混凝土的抗压强度应以养护单元为检验评定单元。试件制取组数应符合本标准各养护实测项目中相应项次的规定;当实测项目中对此未予明确时,制取组数应符合下列规定:

1 浇筑一般体积的结构物(如基础、墩台等)时,每一单元结构物应制取 2 组。

2 连续浇筑大体积结构时,每 200m³ 或每一工作班应制取 2 组。

3 桥梁上部结构的各主要构件,长 16m 以下的应制取 1 组,16~30m 的应制取 2 组,31~50m 的应制取 3 组,50m 以上的至少应制取 5 组。

4 小桥涵、挡土墙每座、每处或每工作班至少应制取 2 组;当原材料和配合比相同,并由同一拌和站拌制时可几座或几处合并制取 2 组。

5 钻孔桩每根或每工作班至少应制取 2 组,桩长 20m 以上的至少应制取 3 组,换工作班时每班至少应制取 2 组。

6 小型构件每批或每工作班至少应制取 2 组。

7 交通安全及沿线设施的混凝土基础,每 40m³ 应制取 2 组,且每一工作班至少应制取 2 组。

8 应根据施工需要,另制取几组与结构物同条件养生的试件,作为拆模、吊装、张拉预应力、承受荷载等施工阶段的强度依据。

D.0.3 水泥混凝土抗压强度的合格评定应符合下列规定:

1 试件组数大于或等于 10 组时,应以数理统计方法按下述条件评定:

$$m_{f_{cu}} \geq f_{cu,k} + \lambda_1 S_n \qquad (D.0.3\text{-}1)$$

$$f_{cu,min} \geq \lambda_2 f_{cu,k} \qquad (D.0.3\text{-}2)$$

式中:$m_{f_{cu}}$——同批 n 组试件抗压强度的平均值(MPa),精确到 0.1MPa;

$f_{cu,k}$——混凝土设计抗压强度标准值(MPa);

S_n——同批 n 组试件抗压强度的标准差(MPa),精确到 0.01MPa;当计算值小于 2.50MPa 时,应取 2.50MPa;

$f_{cu,min}$——n 组试件中抗压强度的最小值（MPa），精确到 0.1 MPa；

n——同批混凝土试件组数；

λ_1、λ_2——合格判定系数，按表 D. 0.3-1 取用。

表 D. 0.3-1 混凝土抗压强度统计方法合格判定系数 λ_1、λ_2

n	10 ~ 14	15 ~ 19	≥20
λ_1	1. 15	1. 05	0. 95
λ_2	0. 90	0. 85	

2 当同批混凝土试件组数小于 10 组时，可用非统计方法按下述条件进行评定：

$$m_{f_{cu}} \geq \lambda_3 f_{cu,k} \quad (D. 0.3-3)$$

$$f_{cu,min} \geq \lambda_4 f_{cu,k} \quad (D. 0.3-4)$$

式中：λ_3、λ_4——合格评定系数，按表 D. 0.3-2 取用。

表 D. 0.3-2 混凝土抗压强度非统计方法合格判定系数 λ_3、λ_4

混凝土强度等级	<C60	≥C60
λ_3	1. 15	1. 10
λ_4	0. 95	

D. 0.4 水泥混凝土抗压强度评为不合格时，相应养护单元为不合格。

附录 E　喷射混凝土抗压强度评定

E.0.1　喷射混凝土抗压强度系指在喷射混凝土板件上，切割制取 100mm × 100mm × 100mm 的立方体试件，在标准条件下养护至 28d，采用现行水泥混凝土立方体抗压强度试验方法(T0553)测得极限抗压强度，乘以 0.95 的系数(精确到 0.1MPa)后得到的抗压强度。

E.0.2　喷射混凝土抗压强度应以养护单元为检验评定单元，检查频率应符合下列规定：

1　单洞两车道或三车道隧道每 10 延米，应至少在拱部和边墙各取 1 组(3 个)试件。

2　其他工程，每喷射 50 ~ 100m³ 混合料或小于 50m³ 混合料的独立工程，不得少于 1 组(3 个)试件。

3　材料或配合比变更时应新制取试件。

E.0.3　喷射混凝土抗压强度的合格评定应符合下列规定：

1　同批试件组数 $n \geq 10$ 时，试件抗压强度平均值应不小于设计值；任一组试件抗压强度应不小于 0.85 倍设计值。

2　同批试件组数 $n < 10$ 时，试件抗压强度平均值应不小于 1.05 倍设计值；任一组试件抗压强度应不小于 0.9 倍设计值。

E.0.4　喷射混凝土抗压强度评为不合格时，相应养护单元为不合格。

附录 F 水泥砂浆强度评定

F.0.1 评定砌筑用水泥砂浆强度，应以标准养生 28d 的试件为准；试件为边长 70.7mm 的立方体，3 个试件为 1 组；试验及计算方法应符合现行《建筑砂浆基本性能试验方法标准》(JGJ/T 70) 的规定。

F.0.2 评定砌筑水泥砂浆强度应以养护单元为检验评定单元，试件制取组数应符合下列规定：

1 重要及主体砌筑物，每工作班应制取 2 组。

2 一般及次要砌筑物，每工作班可制取 1 组。

3 不同强度等级及不同配合比的水泥砂浆应分别随机制取试件，试件组数应不少于 3 组。

4 拱圈砂浆应同时制取与砌体同条件养生的试件，以检查各施工阶段强度。

F.0.3 评定路基、路面基层注 (压) 浆加固所用水泥基注浆材料，可采用现行《水泥胶砂强度试验方法 (ISO 法)》(GB/T 17671) 规定的方法，进行抗折强度和抗压强度试验。试件为 40mm × 40mm × 160mm 的棱柱体，按标准方法制作和养生。不同强度等级及不同配合比的水泥砂浆应分别随机制取试件，每工作班制取 2 组。采用水泥基之外的其他胶合材料的注 (压) 浆材料，强度试验方法可参照上述规定。

F.0.4 水泥砂浆强度的合格标准应符合下列规定：

1 同强度等级试件的平均强度应不低于设计强度的 1.1 倍。

2 任意一组试件的强度应不低于设计强度的 85%。

F.0.5 水泥砂浆 (水泥基注浆材料) 强度评为不合格时，相应养护单元为不合格。

附录 G　半刚性基层和底基层材料强度评定

G.0.1　评定半刚性基层和底基层材料强度，应以规定温度下保湿养生 6d、浸水 1d 后的 7d 无侧限抗压强度为准；试验方法应采用现行无机结合料稳定材料无侧限抗压强度试验方法（T0805）。

G.0.2　半刚性基层和底基层材料强度应以养护单元为检验评定单元；应在现场按规定频率取样，按工地预定达到的压实度制备试件。每 1 500m² 或每工作班制备 1 组试件：不论稳定细粒土、中粒土或粗粒土，当多次偏差系数 $C_v \leqslant 10\%$ 时，可为 6 个试件；$10\% < C_v \leqslant 15\%$ 时，可为 9 个试件；$C_v > 15\%$ 时，则需 13 个试件。

G.0.3　试件的平均强度 $\bar{R}$ 应满足下式要求：

$$\bar{R} \geqslant \frac{R_d}{1 - Z_\alpha C_v} \tag{G.0.3}$$

式中：R_d——设计抗压强度（MPa）；

　　　C_v——试验结果的偏差系数（以小数计）；

　　　Z_α——标准正态分布表中随保证率而变的系数；高速、一级公路：保证率 95%，$Z_\alpha = 1.645$；其他公路：保证率 90%，$Z_\alpha = 1.282$。

G.0.4　平均强度和合格率均符合规定时，半刚性基层和底基层材料强度评为合格。

G.0.5　半刚性基层和底基层材料强度评为不合格时，相应养护单元为不合格。

附录 H　路面结构层厚度评定

H.0.1　路面结构层厚度检验评定应采用现行挖坑及钻芯法测定路面厚度试验方法（T0912）；施工过程质量控制可采用现行短脉冲雷达测定路面厚度试验方法（T0913），测定前雷达测试系统应根据同路段钻芯法测定的路面厚度进行标定。

H.0.2　路面结构层厚度应以养护单元为检验评定单元。采用 T0912 方法进行路面结构层厚度检测时，现场抽样检测的频率应符合下列规定，且每个养护单元应不少于5 处：

　　1　路面基层、底基层、微表处和稀浆封层可采用挖坑法或钻芯法，每 1 000m² 测1 处。

　　2　水泥混凝土面层应采用钻芯法，每 1 000m² 测 1 处。

　　3　沥青面层应采用钻芯法，每 1 500m² 测 1 处。

H.0.3　采用 T0913 方法进行路面结构层厚度检测时，宜全线连续、每车道每 20～50m 输出一次计算结果。

H.0.4　路面结构层厚度应以养护单元为检验评定单元，按平均值和单个检测值的合格率进行评定。当路面结构层厚度平均值小于设计值时为不合格；当平均值满足要求时，按单个检查值的偏差不超过单点合格值的测点数计算合格率。

H.0.5　厚度平均值和单个检测值的合格率均符合规定时，路面结构层厚度评为合格。

H.0.6　路面结构层厚度评为不合格时，相应养护单元为不合格。

附录 J 路基路面弯沉值评定

J. 0. 1 弯沉值测量可采用现行落锤式弯沉仪测定弯沉试验方法(T0953)、自动弯沉仪测定路面弯沉试验方法(T0952)或贝克曼梁测定路基路面回弹弯沉试验方法(T0951)。

J. 0. 2 弯沉值应以养护单元为检验评定单元。采用落锤式弯沉仪测定路面弯沉试验方法(T0953)或自动弯沉仪测定路面弯沉试验方法(T0952)时,应全线连续、每车道每20m 测 1 点;采用贝克曼梁测定路基路面回弹弯沉试验方法(T0951)时,每车道公里应不少于 20 个测点。

J. 0. 3 弯沉代表值为弯沉测量值的上波动界限,用下式计算:

$$l_r = (\bar{l} + \beta \cdot S) K_1 K_3 \qquad (J. 0. 3-1)$$

式中:l_r——弯沉代表值(0.01mm);

$\bar{l}$——实测弯沉的平均值;

S——标准差;

β——目标可靠指标,见表 J. 0. 3;

K_1——湿度影响系数,路基顶面弯沉测定时根据当地经验确定;路表弯沉测定时根据实测弯沉值通过反算得到路基模量值,修正后得到结构模量值,然后得出测试状态下的弯沉湿度修正系数,或根据当地经验确定;

K_3——温度影响系数,路基顶面弯沉测定时取 1,路表弯沉测定时根据下式确定;

$$K_3 = e^{[9×10^{-6}(\ln E_0 - 1)h_a + 4×10^{-3}](20-T)} \qquad (J. 0. 3-2)$$

T——弯沉测定时沥青结合料类材料层中点实测或预估温度(℃);

h_a——沥青结合料类材料层厚度(mm);

E_0——平衡湿度状态下路基顶面回弹模量(MPa)。

表 J. 0. 3 目标可靠指标 β 值

公路等级	高速公路	一级公路	二级公路	三级公路	四级公路
目标可靠度(%)	95	90	85	80	70
目标可靠指标 β	1. 65	1. 28	1. 04	0. 84	0. 52

J. 0. 4 二级及以下等级公路,当弯沉代表值不符合要求时,可将超出 $\bar{l} + (2 \sim 3)S$ 的

弯沉特异值舍弃，对舍弃的弯沉值大于 $\bar{l}+(2\sim3)S$ 的点，应找出其周围界限，进行局部处理，并对弯沉进行复测后重新计算平均值和标准差。高速公路、一级公路不得舍弃特异值。

J. 0. 5 当弯沉代表值小于或等于设计规定值时，以所有单个弯沉检测值是否符合设计规定值统计弯沉合格率。

J. 0. 6 弯沉代表值和单个检测值的合格率均符合规定时，弯沉值评为合格。

J. 0. 7 弯沉值评为不合格时，相应养护单元为不合格。

附录 K 质量检验评定用表和质量保证资料

K.1 养护工程质量检验评定用表

K.1.1 养护单元工程质量检验评定表应符合表 K.1.1 的规定。

K.1.2 养护工程质量评定表应符合表 K.1.2 的规定。

K.1.3 植物材料现场接收和栽植情况表应符合表 K.1.3 的规定。

K.1.4 植物成活率统计表应符合表 K.1.4 的规定。

表 K.1.1 养护单元工程质量检验评定表

养护单元名称：

施工单位：

监理单位：

养护工程部位：

（桩号、墩台号、孔号）

基本要求																	
实测项目	项次	检查项目	规定值或允许偏差	实测值或实测偏差值										质量评定			
				1	2	3	4	5	6	7	8	9	10	平均值、代表值	合格率（%）	合格判定

外观鉴定		质量保证资料	
工程质量等级评定		监理意见	

检验负责人： 检测： 记录： 复核： 年 月 日

表 K.1.2　养护工程质量评定表

养护工程名称：　　　　　　　　　　　　路线名称：

起讫桩号：　　　　　　　　　　　　　　完工日期：

施 工 单 位：　　　　　　　　　　　　监理单位：

养 护 单 元			备　注
编号	工程名称	质量等级	
养护工程 质量等级			
养护工程 评定意见			

检验负责人：　　　　　　记录：　　　　　　复核：　　　　　年　　月　　日

表 K.1.3 植物材料现场接收和栽植情况表

工程名称				施工日期		
苗木名称						
苗木到达现场日期、时间						
苗木到达现场里程桩号						
苗木规格(cm)						
土球、根系直径(cm)						
数量 （株、m²）	来苗总数					
	接收数量					
	退苗数量					
	退苗原因					
种植时间						
种植地点						
栽植土深度(cm)						
备注						

检查负责人： 记录人： 复核： 年 月 日

注：1. 施工日期是指实际种植的日期。
　　2. 苗木到达现场的里程桩号指卸苗的准确位置。
　　3. 在数量栏中，来苗总数 = 接收数量 + 退苗数量。
　　4. 种植时间应填写具体的种植日期和确切时间。
　　5. 种植地点应填写确切的道路位置，包含里程桩号、上下行位置等。
　　6. 栽植土深度是指植株种植位置的有效土层，在进行土地平整时就应对此进行测定。

表 K.1.4 植物成活率统计表

工程名称			施工日期		调查日期	
树种名称						
种植日期						
栽植方法						
成活率规定值(%)						
调查结果	实栽数量					
	成活数量					
	死亡数量					
	客观死亡数					
实际成活率(%)						
备注						

检查负责人：　　　　　　记录人：　　　　　　复核：　　年　月　日

注：1. 栽植方法是指行道树、分隔带或路侧绿化的列植、群植、色块以及草皮的满铺、散铺、植生带、播种等。

2. 在调查结果栏中，实栽数量＝成活数量＋死亡数量。客观死亡数是指非种植单位造成的人为机械损伤、各种污染以及自然灾害等客观原因造成死亡的树木数量。

3. 实际成活率＝成活数量/(实栽数量－客观死亡数量)。

K.2　质量保证资料要求

K.2.1　公路养护工程质量保证资料应按表 K.2.1 编制。

表 K.2.1　公路养护工程质量保证资料

类　　别	项次	资　料　清　单
1. 所用原材料、半成品和成品质量检验结果	1-1	土质试验报告
	1-2	砂石料质量保证单和检验报告
	1-3	石灰、粉煤灰质量保证单和检验报告
	1-4	水泥质量保证单和检验报告
	1-5	水质分析报告（仅用于现拌水泥混凝土或砂浆）
	1-6	沥青质量保证单和检验报告
	1-7	钢材质量保证单和检验报告
	1-8	有色金属材料质量保证单和检验报告
	1-9	土工合成材料质量保证单和检验报告
	1-10	路桥用复合材料及反光材料质量保证单和检验报告
	1-11	焊接材料质量保证单和检验报告
	1-12	防腐蚀材料及防水材料质量保证单和检验报告
	1-13	建筑涂料质量保证单和检验报告
	1-14	水泥混凝土掺合料及外加剂质量保证单和检验报告
	1-15	嵌（接）缝料、建筑脂、结构膏质量保证单和检验报告
	1-16	烧结砖及砌块质量保证单和检验报告
	1-17	底基层、基层材料质量保证单、发货单和检验报告
	1-18	商品混凝土及砂浆质量保证单、发货单和检验报告
	1-19	沥青混合料质量保证单、发货单和检验报告
	1-20	水泥混凝土预制件质量保证单和检验报告
	1-21	金属制品质量保证单和检验报告
	1-22	橡胶、塑料制成品质量保证单和检验报告
	1-23	钢结构工厂预制件质量保证单和检验报告
	1-24	绿化介质土、肥料合格证
	1-25	植物材料的植物检疫证或种子检验报告
	1-26	植物材料现场接收资料及汇总表
	1-27	其他原材料、半成品、成品质量保证单和检验报告

续表 K. 2. 1

类　别	项次	资 料 清 单
2. 材料配比、拌和加工控制检验和试验数据	2-1	路基、沟槽填筑材料配合比报告和现场拌和加工记录
	2-2	路基中水泥、石灰、粉煤灰剂量试验报告
	2-3	底基层、基层材料配合比报告和现场拌和加工记录
	2-4	路基、沟槽填筑材料标准击实试验报告
	2-5	底基层、基层材料击实标准试验报告
	2-6	现拌水泥混凝土(砂浆)配合比试验报告和拌和记录
	2-7	现拌沥青混合料配合比试验报告和拌和记录
	2-8	钢结构焊接工艺评定报告
	2-9	绿化栽植土壤理化指标的检验报告
	2-10	水泥混凝土碎石化粒径筛分试验报告
	2-11	其他材料配合比报告和现场加工记录
3. 地基处理、隐蔽工程施工记录和桥梁、隧道施工监控资料	3-1	局部地基处理施工验收记录
	3-2	路基沉降观测记录和汇总表
	3-3	土工材料施工验收记录
	3-4	开挖沟槽施工验收记录
	3-5	沟槽回填压实度记录
	3-6	水泥混凝土基础施工记录
	3-7	水泥混凝土结构钢筋施工验收记录
	3-8	基层、底基层、垫层施工验收记录
	3-9	沥青混凝土路面中、下面层施工验收记录
	3-10	结构用预制构件现场加工记录
	3-11	预应力张拉记录及汇总表
	3-12	立柱埋设深度施工验收记录
	3-13	交通安全设施安装里程定位记录
	3-14	绿化栽植土放样测量定位记录
	3-15	植物栽植施工记录
	3-16	大桥、特大桥、长隧道、特长隧道施工监控资料
	3-17	其他隐蔽工程施工验收记录

续表 K. 2. 1

类　别	项次	资　料　清　单
4. 质量控制指标的试验记录和质量检验汇总图表	4-1	路基、路面压实度检测报告和汇总计算表
	4-2	水泥混凝土弯拉强度试验报告和汇总计算表
	4-3	水泥混凝土抗压强度试验报告和汇总计算表
	4-4	喷射混凝土抗压强度试验报告和汇总计算表
	4-5	水泥砂浆强度检测报告和汇总计算表
	4-6	半刚性基层材料强度评定结果
	4-7	路面结构层厚度检测报告和汇总计算表
	4-8	路基、柔性基层、沥青路面弯沉值检测报告和汇总计算表
	4-9	路面横向力系数检测报告和汇总计算表
	4-10	路面平整度检测报告和汇总计算表
	4-11	沥青混凝土路面渗水系数检测报告
	4-12	管道功能性试验报告
	4-13	基桩低应变动力检测报告
	4-14	基桩超声波检测报告
	4-15	基桩高应变动力检测报告
	4-16	基桩静载试验报告
	4-17	紧固件连接工程检测报告
	4-18	焊缝无损检验报告
	4-19	植物成活率统计资料及汇总表
	4-20	其他质量控制指标的试验记录和汇总图表
5. 施工过程中遇到的非正常情况记录及其对工程质量影响的分析评价	5-1	施工过程出现异常情况时的施工情况记录
	5-2	施工过程出现的异常情况对工程质量影响分析的书面材料，包括技术处理方案及执行情况
6. 施工过程中如发生质量事故，经处理补救后达到设计要求的认可证明文件等	6-1	质量事故报告单
	6-2	质量事故处理报告
	6-3	质量事故处理过程中的施工记录
	6-4	处理完毕后达到设计要求的认可证明文件

K.3 竣工资料检查用表

K.3.1 公路养护工程竣工资料检查用表可按表 K.3.1 编制。

表 K.3.1 公路养护工程竣工资料检查用表

工程名称			工程范围	
施工单位			开竣工日期	
序号	检查内容	内业资料名称	检查情况	
1	立项文件和造价文件	1)立项文件		
		2)合同文件		
		3)造价文件		
2	施工大纲及批复	1)施工大纲		
		2)施工大纲批复		
3	技术交底和会议纪要	1)设计交底会议纪要		
		2)施工图交底会议纪要		
		3)关键施工技术交底记录		
		4)验收会议纪要及整改消项报告		
4	工程施工过程资料	1)开工报告		
		2)停工报告		
		3)复工报告		
		4)竣工报告		
		5)水准点、控制点和基准线复测记录		
		6)施工日志及施工原始记录		
5	施工及监理质量管理资料	1)工程项目划分表		
		2)工程质量保证资料		
		3)工程质量检验评定表		
		4)监理质量控制文件		
6	竣工图表	1)竣工图目录		
		2)变更单及相关竣工图对照汇总表		
		3)设计变更单及业务联系单		
		4)竣工图、表及相关影像资料		
7	工程总结及工程验收文件	1)施工总结		
		2)监理工作总结		
		3)设计工作总结		
		4)养护工程合同项目管理总结		
		5)单项工程质量验收文件		
		6)工程竣工验收报告单		
检查意见汇总				

检查负责人：　　　　　　记录人：　　　　　　复核：　　　年　月　日

K.3.2 公路养护工程竣工验收报告单可按表 K.3.2 编制。

表 K.3.2 公路养护工程竣工验收报告单

工程编号		工程性质	
工程名称			
工程地点（桩号）			
投（议）标价		决算金额	
开工日期	20 年 月 日	竣工日期	20 年 月 日
管理机构		联系电话	
建设单位		项目负责人	
设计单位		设计负责人	
施工单位		项目经理	
监理单位		总监理工程师	
主要工程量			
施工单位自检意见 自评养护工程质量等级： 项目经理（签名）： （公章） 20____年____月____日		监理单位评定意见 建议养护工程质量等级： 总监理工程师（签名）： （公章） 20____年____月____日	
建设单位验收意见 养护工程质量等级： 负责人（签名）： （公章） 20____年____月____日		管理机构或质量监督机构鉴定意见 养护工程质量等级： 负责人（签名）： （公章） 20____年____月____日	

附录 L 路面横向力系数评定

L.0.1 路面横向力系数测量可采用现行单轮式横向力系数测试系统测定路面摩擦系数试验方法(T0965)或双轮式横向力系数测试系统测定路面摩擦系数试验方法(T0967)。

L.0.2 路面横向力系数以养护单元为检验评定单元，全线连续、每车道每20m测1点。每评定单元的测点不宜超过100点。

L.0.3 SFC代表值为SFC算数平均值的下置信界限值，即：

$$SFC_r = \overline{SFC} - \frac{t_\alpha}{\sqrt{n}}S \qquad (L.0.3)$$

式中：SFC_r——SFC代表值；

$\overline{SFC}$——SFC平均值；

S——标准差；

n——采集数据样本数量；

t_α——t分布表中随测点数和保证率(或置信度 α)而变的系数，见表B.0.5；采用的保证率：高速公路、一级公路为95%，其他公路为90%。

L.0.4 当SFC代表值大于或等于设计规定值时，以所有单个SFC值是否符合设计规定值统计SFC合格率。

L.0.5 SFC代表值和单个检测值的合格率均符合规定时，路面横向力系数评为合格。

L.0.6 路面横向力系数评为不合格时，相应养护单元为不合格。

附录 M　植筋拉拔承载力现场检验评定

M. 0. 1　本方法适用于桥梁、涵洞养护工程中植筋拉拔承载力的现场检验评定。

M. 0. 2　拉拔承载力检验分为破损性检验和非破损性检验。对于一般结构构件，应采用非破损性检验方法；对于下列结构、构件中的受拉钢筋，应采用破损性检验方法：

1　承重结构构件；

2　悬挑结构、构件；

3　对锚固质量有怀疑时。

M. 0. 3　当采用破损性检验造成结构修复困难时，若植筋完全符合现行《公路桥梁加固设计规范》（JTG/T J22）的相关规定，可在植筋构件旁边，在同强度等级的混凝土块体上同期种植同类钢筋（不得事后补种）作为检验之用，不得采用非破损性检验方法。

M. 0. 4　现场用的加载设备应为专门的拉拔仪，且应符合下列要求：

1　加载能力应比预计检验荷载至少大 50%，且能连续、平稳、可靠、速度可控地运行。

2　测力系统：其整机误差应不超过全程的 ±2%，且有峰值储存功能。

3　设备的液压加载系统在短时（≤5min）保持荷载期间，其降荷值不得大于 5%。

4　设备夹持器应能保持与植筋轴线对中。

5　设备支承点与植筋的净距应不小于植筋直径的 3 倍，且不小于 60mm。

M. 0. 5　现场测定仪器应定期送检定机构检定，遇到下列情况时应重新检定：

1　读数出现异常；

2　被拆卸检查或更换零部件后。

M. 0. 6　非破损性检验应取 1.2 倍的拉拔承载力设计值作为检验荷载，以均匀速率在 2～3min 内加荷至检验荷载，且在该荷载下持载 2min。破损性检验应以均匀速率在 2～7min 内加载至植筋破坏。

M. 0. 7　检验应在胶黏剂固化后进行，且不得超过 7d。

M. 0. 8 非破损性检验应按下列要求进行评定：

1 当试样在持荷期间锚固件无滑移、基体混凝土无裂缝或其他局部损坏，且加载装置的荷载读数在 2min 内无下降或下降幅度不超过 5% 的检验荷载时，该试样拉拔承载力评为合格，否则为不合格。

2 当全部试样拉拔承载力评为合格时，该检验批拉拔承载力评为合格。

3 若全部试样中存在不超过 5% 的试样不合格，应另抽不合格数量的 2 倍且不少于 3 根试样进行非破损性检验，仅当另抽试样的拉拔承载力均合格时，该检验批拉拔承载力评为合格。

4 不符合上述条件时，植筋拉拔承载力评为不合格。

M. 0. 9 破损性检验应按下列要求进行评定：

1 当检验结果全部为钢筋破坏时，该检验批植筋拉拔承载力评为合格。

2 不符合上述条件时，植筋拉拔承载力评为不合格。

M. 0. 10 拉拔承载力评为不合格时，相应养护单元为不合格。

附录 N 混凝土构件粘贴纤维复合材料、钢板的正拉黏结强度评定

N.0.1 本方法适用于混凝土构件粘贴纤维复合材料、钢板的正拉黏结强度现场检验评定。

N.0.2 现场使用的黏结强度检测仪（拉拔仪）的技术性能应不低于现行《数显式粘结强度检测仪》（JG/T 507）的规定。黏结强度检测仪应每年检定一次，发现异常时应随时维修、检定。

N.0.3 测点数量和布置应符合下列规定：

1 箱梁腹板、板梁底面等大面积粘贴时，按加固面积每 100m² 测 3 点确定测点，3 点为 1 组。T 梁底、盖梁等局部粘贴时，按每构件测 3 点，抽查 10% 且不少于 3 件确定测点，3 点为 1 组。

2 测点应随机布置，间距不小于 500mm，且至少 1 个测点选择在加固构件的端部。

N.0.4 对粘贴纤维片材加固，测试应在已完成的纤维片材中切割试件上进行。制作试件部位表面应清理干净，并保持干燥，从清理干净的表面向混凝土基体内部切割预切缝，切入深度 10～15mm，宽度 1～2mm。预切缝形状为 50mm 的圆形，切缝完毕，应再次清理表面。

N.0.5 对粘贴钢板加固，应在粘贴界面处理的同时于被检构件粘贴钢板部位附近选取 3 块 100mm × 100mm 的面积，进行同条件的表面处理，作为粘贴检验用钢标准块的位置，并按纤维片材试件制备相同要求切割预切缝。

N.0.6 在试件上或已处理位置粘贴钢标准块，粘贴钢标准块应避免粘接剂进入预切缝，在粘接剂完全固化前不得扰动钢标准块。

N.0.7 钢标准块为圆形，直径 50mm，厚度不小于 20mm，采用 45 号钢制作，其带有的传力螺杆应满足所用检测仪的要求。

N.0.8 检验应在粘接剂完全固化后 1 d 进行。检验应按拉拔仪的使用说明正确安装仪器和连接钢标准块，以 1 500 ~ 2 000N/min 的均匀速度加载，记录破坏时的荷载值，并观测破坏形态。正拉黏结强度现场测试示意图见图 N.0.8。

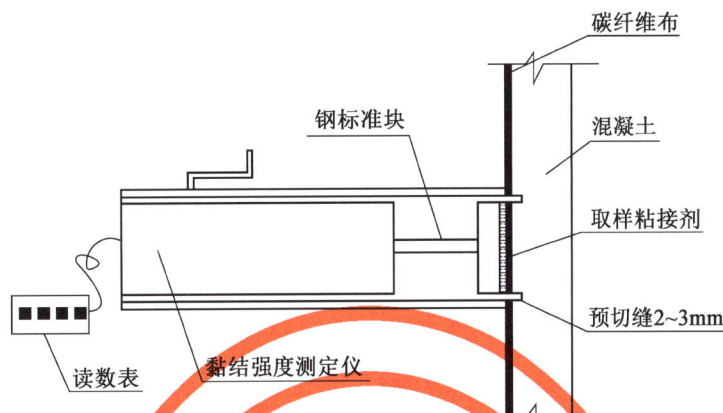

图 N.0.8　正拉黏结强度现场测试示意图

N.0.9 正拉黏结强度应按下式计算：

$$f = \frac{P}{A}$$

(N.0.9)

式中：f——正拉黏结强度（MPa）；

　　　P——试样破坏时的荷载值（N）；

　　　A——试件（钢标准块）的黏结面面积（mm^2）。

N.0.10 破坏形态应为下列形态：

1　混凝土内聚破坏：混凝土内部发生破坏；

2　层间破坏：粘接剂与混凝土间胶层界面破坏；

3　纤维片材破坏：出现两种或两种以上纤维片材内部破坏；

4　混合破坏：出现两种或两种以上的破坏形式；

5　不应出现钢标准块与粘接剂间的界面破坏，否则应重新粘贴测试。

N.0.11 黏结强度应按下列要求进行评定：

1　当组内每一试样的破坏形态均为混凝土内聚破坏，或若出现混合破坏形式，混凝土内聚破坏面积不小于粘贴全面积的 85%，则该组合格。

2　若组内仅 1 个测点达不到上述要求，允许该组范围内重做 1 组，若全部合格，则该组合格，否则该组不合格。

3　检验批内各组均合格，则该检验批合格，否则该检验批不合格。若检验批组数超过 20 组，检验结果仅有 1 组的个别点不合格，则该检验批合格。

N.0.12 黏结强度评为不合格时，相应养护单元为不合格。

本标准用词用语说明

1 本标准执行严格程度的用词，采用下列写法：

1）表示很严格，非这样做不可的用词，正面词采用"必须"，反面词采用"严禁"；

2）表示严格，在正常情况下均应这样做的用词，正面词采用"应"，反面词采用"不应"或"不得"；

3）表示允许稍有选择，在条件许可时首先应这样做的用词，正面词采用"宜"，反面词采用"不宜"；

4）表示有选择，在一定条件下可以这样做的用词，采用"可"。

2 引用标准的用语采用下列写法：

1）在标准总则中表述与相关标准的关系时，采用"除应符合本标准的规定外，尚应符合国家和行业现行有关标准的规定"。

2）在标准条文及其他规定中，当引用的标准为国家标准和行业标准时，表述为"应符合《××××××》（×××）的有关规定"。

3）当引用本标准中的其他规定时，表述为"应符合本标准第×章的有关规定"、"应符合本标准第×.×节的有关规定"、"应符合本标准第×.×.×条的有关规定"或"应按本标准第×.×.×条的有关规定执行"。

附件

《公路养护工程质量检验评定标准
第一册 土建工程》

（JTG 5220—2020）

条 文 说 明

1 总则

1.0.1 本条阐述了制定本标准的目的。公路养护工程有别于新建工程，有其自身的特点，不能完全按新建项目的方法进行工程质量检验评定。

（1）养护工程中包含大量在新建工程中没有的专门技术。例如，路面养护中的就地热再生、就地冷再生、微表处、稀浆封层、碎石封层、含砂雾封层、裂缝灌缝、坑槽修补等；桥梁养护工程中的粘贴钢板/碳纤维加固、体外预应力加固、桥梁支座更换、桥面铺装层修复等；隧道养护工程中的锚杆加固、增设仰拱、衬砌更换等。

（2）同样的施工项目，养护工程与新建项目的施工工艺亦不尽相同。养护工程要保证新老结构或材料共同作用，因此包含着特殊的工艺和技术指标要求。例如，桥梁加固中的混凝土浇筑就包含了老混凝土界面处理、植剪力筋、要求混凝土微收缩等新建项目所不包括的工艺和特殊要求。

（3）养护工程是在已有公路工程构造物基础上进行的，大量是在开放交通的情况下实施的，工程质量受到病害成因、交通组织方式、原有结构物情况、已破损部件修复情况等的显著制约，影响因素比新建工程更多。

（4）养护工程技术有一定的地域性特征，不同地区公路病害有所不同，常用的养护技术有所差异，同一养护技术的具体实施方法也可能有所差别。

现行的交通运输部公路工程行业标准规范中，《公路技术状况评定标准》（JTG 5210），适用于公路技术状况和服务水平的评价；《公路养护技术规范》（JTG H10）、《公路水泥混凝土路面养护技术规范》（JTJ 073.1）、《公路沥青路面养护技术规范》（JTG 5142）、《公路隧道养护技术规范》（JTG H12）、《公路桥涵养护规范》（JTG H11）等，适用于指导公路养护工程施工；《公路工程质量检验评定标准　第一册　土建工程》（JTG F80/1），适用于公路新建和改扩建工程施工质量检验评定。

为适应日趋繁重的公路养护任务的需要，规范和指导公路养护生产实践，促进养护工程质量管理的科学化、标准化，保证养护工程质量，制定本标准。

1.0.2 本条规定了本标准的适用范围以及不适用的场合。交通运输部《公路养护工程管理办法》（交公路发〔2018〕33号）将养护工程按养护目的和养护对象分为预防养护、修复养护、专项养护和应急养护。本标准适用于其中的预防养护、修复养护、专项养护，但是不适用于临时性应急养护，原因是临时性应急性抢通、保通、抢修难以按正常工程进行质量控制。

交通运输部《公路养护工程管理办法》（交公路发〔2018〕33号）规定的公路养护工程

不包括日常养护和公路改扩建,本标准同样不适用于日常养护和改扩建工程。日常保养不能称之为工程,本标准不适用。局部挖补、灌缝等修补作业也不能算作严格意义上的"工程",但是考虑到经常与其他养护工程一起实施,因此本标准作了相关规定。

1.0.4 本标准主要规定了带有普遍性的技术内容,但是养护工程包含大量专用技术、特殊工艺,对于特殊工程,以及采用新材料、新结构、新工艺的养护工程,在本标准中缺乏适宜的技术规定时,可参照相关标准或按实际情况制定相应的技术标准,并按规定报主管部门批准后执行。

1.0.5 公路养护工程经常是针对具体病害或具体目标开展的,工程内容往往较单一,但在养护方案制订和养护工程设计时要有整体性、系统性思维,避免养护工程影响工程未涉及部位或设施的寿命与标准。

2 术语

　　本章对本标准中出现的主要专用名词术语做出了规定。其他有关公路养护工程的名词术语，参照有关国家标准、行业标准的规定。

3　基本规定

3.1　一般规定

3.1.1、3.1.2　这两条规定了公路养护工程质量的评定单元和评定层级。现行《公路工程质量检验评定标准　第一册　土建工程》（JTG F80/1）按分项工程、分部工程、单位工程、合同段、建设项目逐级评定，而养护工程的作业内容往往比较单一，分项不全，例如一处挡土墙的维修、一座桥梁的支座更换、一段路面的沥青混凝土罩面等，如果按新建工程的做法会遇到很大困难。本标准在广泛征求意见的基础上，研究采用养护单元、养护工程两级评定，简化了评定层级。

3.2　养护工程质量检验

3.2.1　本条规定了养护工程质量检验评定的四方面内容，与现行《公路工程质量检验评定标准　第一册　土建工程》（JTG F80/1）的相关规定保持统一。

3.2.3　本标准在每个养护单元中都提出了基本要求，这是保证工程质量的基础，也是进行工程质量检验评定的基本条件。
　　原材料质量对于保障工程质量十分重要，要注意进场复验结果是否满足规范和设计要求。

3.2.5　本条与现行《公路工程质量检验评定标准　第一册　土建工程》（JTG F80/1）保持一致，未采用打分法，而是根据各检测项目的合格率是否满足规定的要求进行合格判定。

3.2.6　本条规定了工程外观质量的要求；"明显的外观缺陷"主要指定性检查的内容，根据工程的实际情况确定。

3.3　养护工程质量评定

3.3.2、3.3.3　这两条分别规定了养护单元和养护工程质量等级评定合格的条件。

3.3.4 本条对不合格养护单元的处理作了规定。实质上是不允许"不合格养护单元"存在，要整改至合格为止。

4 路基养护工程

4.1 一般规定

4.1.2 新老路基的有效衔接，是保证路基养护工程质量的重点和难点之一，应采用科学方法合理处治。

4.1.5 对损坏的排水设施进行修复，包括对损坏部位进行整修和局部铺设、砌筑等，也包括为改善排水而局部增设的排水设施。

4.1.6 现浇混凝土排水沟按本标准第4.8节进行检验，不包括对砌缝的要求，并需按设计要求设置沉降缝。

4.1.8 本章所规定的内容，适用于挡土墙、护面墙砌体及小段落采用钢筋混凝土结构进行加固的养护工程的评定。

4.1.9 当支挡、防护及其他砌筑工程出现大面积破损或不稳定时，往往只能拆除重建，而重建的结构物与新建工程特点基本一致，要按现行《公路工程质量检验评定标准 第一册 土建工程》(JTG F80/1)进行工程质量检验评定。

本章各实测项目表中的"每处"指的是每处修复工程。因为支挡、防护及其他砌筑工程的养护工程范围一般不太大，不适合采用长度控制，论"处"检查更方便操作。

4.3 土方路基修复

4.3.2 实测项目
(1)压实度规定值与现行《公路工程技术标准》(JTG B01)保持一致。
(2)由于主要是针对路基局部的修复，因此没有提出中线偏位、纵断高程等指标的要求。如果设计有要求，则可按现行《公路工程质量检验评定标准 第一册 土建工程》(JTG F80/1)的有关规定进行检验评定。

4.5 管道铺设

4.5.1 1 基础底层的淤泥和扰动土(包括碎土)要清除干净。槽底以上 200mm 的土可以人工挖除，以避免超挖。基础混凝土浇筑后要进行养护，目的是保证混凝土基础达到管道铺设所需要的强度。基础混凝土的养护时间要根据不同的管节种类和基础混凝土强度、施工现场气温等因素确定。

2 管道的接口形式包括承插式、企口式等刚性接口和橡胶圈连接等柔性接口，安装方式包括管枕、抹带等，均应符合设计要求。

4 为防止管底坡度出现反坡，建议在管道铺设过程中对每个管节用水平尺检测、调整坡度，并至少每两节复测一次。

4.5.2 项次 1，混凝土强度包括管道基础混凝土强度和管道安装的其他混凝土构件强度。

项次 7，刚性管道的回填材料为符合要求的原土；柔性管道的回填材料为中、粗砂以及碎石屑、最大粒径小于 40mm 的砂砾、符合要求的原土。两者的回填压实度要求不同，管顶以上 500mm 范围内的回填压实度由设计根据不同的管材和回填材料确定，但其下限不得低于本条规定。

4.6 检查(雨水)井整修、增设

4.6.2 项次 2 为井框与相邻路面的高差。井盖相对于井框的高差由井盖、井框的产品质量来保证，而井框与相邻路面的高差由施工质量来保证。

4.7 土沟整修、增设

4.7.3 1 沟底纵坡在允许偏差范围内时，仍会因局部负偏差造成沟底凹凸不平、坡度不适，并导致局部阻水，需整改至无阻水现象。

4.8 砌筑排水沟整修、增设

本节内容适用于浆砌块石排水沟、水泥混凝土预制板砌筑排水沟、砖砌排水沟等，包括敞开式的和盖板式的。

4.8.2 项次 7，铺砌厚度指浆砌块石或水泥混凝土预制板的厚度，或砖及其砂浆抹面的总厚度。

4.9 急流槽和跌水整修、增设

本节内容适用于混凝土浇筑的和浆砌块石或水泥混凝土预制板砌筑的急流槽、跌水。

4.9.2 项次2，断面尺寸包括槽体横断面、纵断面尺寸和阻水设施的断面尺寸。

4.10 盲沟整修、增设

4.10.1 1 所用土工材料包括透水管和其他透水材料。

4.12 砌体挡土墙修复

挡土墙、护面墙砌体修复应该严格控制界面的拆除和清理，对原砌体已松动的石块和杂物彻底清除。新旧墙体的结合面应该充分咬合，外观平顺。

4.13 护面墙修复

护面墙损坏后的坡面存在松软、缺土甚至塌陷的状况，修复前要严格控制坡面的整修质量。

4.14 预应力锚杆、锚索加固

预应力锚杆、锚索加固一般适用于存在严重隐患的大型挡土墙、护面墙，其加固效果主要来源于预应力锚固，因此，锚孔的成孔质量要重点控制。钻孔过程中发生塌孔、缩孔时要停钻进行注浆护壁处理，确保成孔满足设计要求。实测项目与新建工程相同，按现行《公路工程质量检验评定标准 第一册 土建工程》（JTG F80/1）进行评定。

4.15 锥、护坡修复

锥坡和护坡的修复应该对损坏部位的原坡面进行补土夯实修复，如有严重塌陷和空洞，必要时还要换填砂砾或灰土。

4.16 边坡锚喷防护

采用锚喷工艺对边坡进行防护时，要注重对喷射混凝土的初期养护，避免发生严重的干缩裂缝。

4.17 边坡框架梁加注浆锚杆防护

注浆成孔要求干钻，不应该采用水钻，以确保锚杆施工过程不至于恶化边坡岩体的工程地质条件，并保证孔壁的黏结性。

5　路面养护工程

本章第1节是一般规定，第2节~第8节是沥青路面面层的内容，第9节~第13节是水泥混凝土路面板的内容，第14节~第18节是路面基层和底基层的内容。

考虑到路面养护工程经常是单车道实施、间断实施，本章很多检测项目的频率以平方米（m²）为计量单位。

5.1　一般规定

5.1.1　养护之后路面的使用性能，不仅是工程质量的反映，同时也受到原路面状况的显著影响。工程实践中存在大量因原路面病害处理不彻底造成的养护工程耐久性不足问题，因此应对原路面病害进行彻底处理。

5.2　加铺或铣刨重铺沥青混凝土面层

5.2.1　2　下承层不洁净会影响层间黏结，使路面层受力状况恶化，不利于工程质量。

3　沥青混凝土罩面或翻修，其使用寿命受到下承层情况的显著影响。如果下承层病害处理不彻底，将对养护工程质量造成负面影响。

8　单车道施工不可能对路面横坡进行调整。如果可能出现反坡，要调整养护方案。

5.2.2　项次1，压实度是保证沥青混凝土罩面层质量的关键。与新建工程相比，养护工程中沥青层压实厚度一般较薄，厚度离散性大，施工段落短，压实度更不容易保证。不少路面反复罩面、反复损害，经常是由于压实不足造成的。为了突出压实度的重要性，将其列为关键项目，且压实度要求值与新建工程一致。

项次2，养护施工时，沥青路面摊铺较少挂线施工，而是"顺路爬"，路面平整度受原路面影响大，不容易保证。从行业的角度出发，平整度指标有必要放宽。但是公路行业作为服务型行业，路面作为为群众出行提供服务的公共产品，其平整度是反映其服务质量的重要指标之一。交通运输部组织的全国干线公路养护与管理检查也对路面平整度提出了较高的要求，体现了公路的服务属性。本标准对高速公路多层施工的规定值采用了RQI为"优"的下限，其他情况相应放宽标准且不高于新建工程标准。预计工后平整度难以满足本标准要求时，需要在设计阶段就考虑调整养护方案或养护施工工艺。

项次 3，新建工程中沥青混凝土面层的厚度要求采用代表值，但是对于养护工程，沥青层厚度的离散性相对要比新建工程大，因此选择采用了平均值。

项次 5，沥青罩面的基本要求是能够基本封闭雨水的下渗，即路面需要有很好的密水性，渗水严重的沥青罩面肯定是不耐久的。渗水系数是反映路面是否渗水的直观指标。渗水系数为 0，不能说明路面不渗水；但是渗水系数较大，路面是肯定渗水的。

项次 8，单层加铺时路面弯沉值很大程度上取决于原路基路面结构强度，与沥青罩面层本身的工程质量没有直接对应关系。

5.3 微表处和稀浆封层

5.3.1 3 微表处和稀浆封层摊铺机对矿料一般采用体积计量方式。矿料含水率变化后如果不改变摊铺机设定，则会影响混合料配合比。

5 稀浆封层和微表处混合料的初期强度是逐渐形成的，过早开放交通或进行下一步工序的施工是不利的。

5.3.2 项次 1，微表处和稀浆封层需要有适宜的厚度，厚度过小或过大都会显著影响外观质量和路用性能。但是在适宜的厚度范围内，微表处和稀浆封层的路用性能与厚度没有必然联系，而主要是影响工程造价。

项次 2，封闭水分进入路面结构层，是使用微表处和稀浆封层的重要目的之一，因此本标准提出了渗水系数的要求。渗水系数偏大，往往是矿料级配不合理、乳化沥青用量不足、混合料性能不佳的反映。

此外，微表处和稀浆封层的平整度，几乎完全取决于原路面的平整度，与工程本身的质量关系不大，因此本标准未提出平整度要求。一般来说，微表处和稀浆封层对凹陷型的路面不平整有修复效果，但对于隆起型的不平整(如拥包等)则没有明显作用。这是由于微表处的摊铺槽与路面是刚性接触的，摊铺槽经过路面上的隆起时会被抬高，摊铺出的混合料厚度也随着增加，使原路面的病害重新反映到了微表处和稀浆封层表面。

5.3.3 微表处和稀浆封层的外观，可以间接反映出工程质量的好坏。

5.4 碎石封层

5.4.1 5 碎石封层在使用热沥青时应该尽量缩短沥青洒布与集料撒布的间隔时间。

5.4.2 碎石封层的厚度主要取决于集料的规格，在基本要求中已经涉及，因为未作实测要求。

5.5　就地热再生

本节规定的是《公路沥青路面再生技术规范》（JTG/T 5521—2019）中就地热再生的工程质量检评。现在有些地区和单位也将使用小型路面综合养护车对路面坑槽等局部病害进行的热修补称为就地热再生，这属于路面局部修补的范畴，进行工程质量检评时本节不适用。

5.5.1　1　沥青路面就地热再生可以修复的路面病害深度有限，当原路面沥青老化严重时也很难通过再生恢复。选择适宜的路面，是保证就地热再生工程质量的前提条件。因此，在第1款提出了原路面技术状况的要求。

2　本款突出了施工过程中温度控制的重要性。路面和材料加热温度过低，路面铣刨过程会对原路面石料产生较大破碎效应，再生剂难以有效对原路面沥青进行分散和溶解，再生混合料的摊铺、压实也会出现困难；但是路面和材料加热温度过高，会加速材料老化，同样是不利的。

5.5.2　项次1，确保压实度是保证就地热再生工程质量的重要手段，又由于再生沥青混合料劲度往往较新沥青混合料大，再生混合料温度往往又不够高且降温较快，保证压实效果的难度相对较大，因此将压实度作为关键指标。

项次4，再生层厚度是再生层的压实厚度，不是再生铣刨深度；加铺层厚度是采用加铺再生工艺时加铺层的厚度。

5.6　含砂雾封层

5.6.1　本条第2、3款的目的是突出含砂雾封层材料品质、洒布率、喷洒均匀与否的重要性，这是影响含砂雾封层工程质量的关键之一。

5.7　沥青路面局部挖补

本节主要针对的是采用冷铣刨或冷开挖工艺进行挖补的情况。采用热修补工艺时，可根据工艺要求提出相应的检评方法。

5.8　沥青路面开槽灌缝

5.8.1　高品质的灌缝材料是保证灌缝质量的前提，应该具备下列特性：良好的耐久性；良好的延展性和抗疲劳性能；良好的黏结力；良好的施工性能。

在灌入灌缝材料前，一般需要采用压缩空气法或钢丝刷等彻底清理裂缝中的灰尘和杂物，以保证灌缝材料与缝壁间的牢固黏结。

5.8.2 为了保证裂缝修补的质量，要求将裂缝开槽修整成合理的深宽比。深宽比太小，无法给填缝料和缝壁提供足够的接触面积，易造成填缝料与缝壁脱开，且易被挤出；深宽比太大，易造成填缝料本身的破坏。

5.9 加铺水泥混凝土面层

5.9.1 本条第 2 款的目的是突出下承层病害进行彻底处治的重要性，这对水泥混凝土加铺层的使用寿命十分重要。

5.9.2 项次 1、2，弯拉强度、板厚度是水泥混凝土加铺层的重要质量指标，列为关键项目。考虑到养护工程中板厚度的离散性相对较大，板厚度采用平均值而未采用代表值。

5.9.3 外观质量与新建工程的要求一致。

5.15 厂拌冷再生、就地冷再生、全深式冷再生

5.15.1 本条第 5 款突出了确保养生时间的重要性。冷再生混合料中含有乳化沥青（泡沫沥青）、水泥、水等，碾压完成后需要经过一定时间的养生才能形成初期强度。在形成初期强度前加铺上部结构，不利于冷再生层材料强度的形成。

5.15.2 就地冷再生和全深式冷再生时，厚度、纵断高程、横坡指标之间可能存在冲突，实际工程中以设计文件要求的指标进行控制。

5.16～5.18 其他各类基层和底基层翻修

与新建工程相比，本标准在实测项目方面作了如下调整：一是厚度全部采用平均值而非代表值；二是厚度合格值有所放宽；三是纵断高程负偏差有所放宽。

6 桥梁、涵洞养护工程

6.1 一般规定

6.1.1 本条规定结构或构件的检查数量。一般桥梁养护工程中，采用相同工艺或方法维修、加固的同类结构或构件数量不大，施工条件、环境等亦有差别，不适合采用抽样检查。因此，规定除特殊情况外，每个结构或构件均应进行检验。

涵洞养护工程中，部分构件养护维修、加固方法与桥梁结构相同，如铺装维修、混凝土裂缝修补、混凝土表面防护，混凝土盖板、箱涵采用粘贴钢板、粘贴纤维复合材料加固等，其施工工艺、质量要求与桥梁完全相同，检验标准按桥梁工程的要求执行。

6.1.4 桥梁养护工程中，经常出现更换部分构件的情况，如 T 梁、小箱梁、空心板更换等，其制作、安装与新建工程完全相同，需按现行《公路工程质量检验评定标准 第一册 土建工程》(JTG F80/1)进行评定。

6.2 桥面铺装维修

(1)本节适用于桥面铺装整体更换，其他情况可参考执行。

(2)结合面处理对桥面板与铺装的连接性能有重要影响，需严格按设计要求的工艺施工。

(3)混凝土桥面铺装维修植筋需按本标准第 8.11 节进行检验，桥面防水层按现行《公路工程质量检验评定标准 第一册 土建工程》(JTG F80/1)的相关规定进行检验。

6.3 伸缩装置更换

本节适用于伸缩装置整体更换，参照现行《公路工程质量检验评定标准 第一册 土建工程》(JTG F80/1)编制，其中大型伸缩装置系指斜拉桥、悬索桥和连续长度较大的其他桥型的伸缩装置。

6.4 排水设施维修

本节参照现行《给水排水管道工程施工及验收规范》(GB 50268)编制，从排水顺畅性、安装和管道质量等方面进行了规定。

6.4.1 4 排水管渗水、漏水为常见的质量缺陷，特别是管节接头处，施工时需严格管理，采取有效技术措施，杜绝此类缺陷出现。

6.4.3 2 管节接头处流水面高差要尽可能小，避免形成阻水和积水，本标准规定不得大于2mm。

6.6 梁体顶升

本节与"6.7 支座更换"内容有一定的相关性，但梁体顶升还经常用于除支座更换外的维修加固项目，如加高桥下净空等，故分为两个单元进行检验评定。

对顶升和落梁顺序、顶升力、顶升高度及同步的控制，是为保障顶升过程不对梁体产生损伤；限制落梁高程偏差，以使梁的受力状态与设计相符。

本标准规定采用水准仪检查支点高差。当有障碍时，需要采用其他符合精度要求的方法或联合其他方法检查。

6.8 混凝土表面缺损修补

本节适用于混凝土麻面、蜂窝、酥松、剥落、崩角、缝隙夹层、露筋等的修补。

6.8.1 3 缺损区域的混凝土需进行清理，以保证修补混凝土或砂浆与坚实的基层混凝土相联结。选用清除方法、工具时，需注意避免使基层混凝土产生新的疏松碎块或开裂。

5 如修补结合面出现裂缝，则表明修补失效，需禁止出现这种现象。

6.9 混凝土裂缝修补

6.9.1 2 一般情况下，裂缝表面封闭适用于裂缝处于稳定状态且缝宽不大于0.1mm的修补，否则要采用灌浆修补。

4 应力状态影响裂缝的开展，且与施工顺序有关。因此，规定裂缝修补顺序应符合设计要求。

6.9.2 灌浆工艺有多种，包括低压灌浆、中压灌浆和高压灌浆，所列检查项目在实际工程中未涉及的不予检查。

钻芯取样系目前检查灌缝饱满程度、劈裂抗拉强度最有效的方法，但具有破坏性，故在设计未规定检查频率时按3～5个取芯进行检查。

6.11　植筋

6.11.1　4　在施工中，植筋的位置因避开钢筋和缺陷混凝土而调整是必要的，故其允许偏差范围较大。规定植筋间距及植筋至构件边缘距离不得小于构造要求，以使每一植筋的抗拔力都能达到设计要求，同时也避免植筋孔相互太靠近而对混凝土局部造成过大削弱。

6.11.2　根据调查，桥梁养护工程中植筋的数量一般较多，施工条件差异大，故规定拉拔力的检查频率为随机抽查2%～3%，且不少于5根。采用破损方法或植筋量大时选用低限，以减少检查工作量。

6.12　钢筋混凝土构件增大截面

6.12.1　1　由于钢筋混凝土构件增大截面加固中旧混凝土的收缩可以认为已完成，与新混凝土之间存在着较大的收缩差，极易导致新混凝土产生收缩裂缝，因此，要求新浇混凝土的收缩变形在允许范围内，施工时需有相应的技术措施。

3　新旧混凝土要可靠结合，除使用界面剂外，对旧混凝土表面进行糙化处理为更重要的措施，表面糙化可用人工凿毛、机械刻槽和高压水喷射，需根据现场条件选用，采用高压水喷射处理效果较优。

6.13　设置体外预应力

6.13.1　2　锚固块和转向块为集中受力部位，通常为新增构件，需与原结构、构件连接牢靠和有效传力，故在基本要求列入质量标准。

锚固块和转向块的构造形式多样，其具体的制作和安装亦需进行检验，严格控制质量。采用钢筋混凝土制作时，可以按钢筋混凝土构件增大截面进行检验。

6.14　粘贴钢板

6.14.1　4　胶的黏结性能受温度、水分、灰尘等影响较大，故对施工环境条件提出了要求。

5　锚固螺栓的位置因钢筋可能出现调整，但其数量不应少于设计数量，以利于粘贴时对钢板的加压和极限状态下钢板强度充分发挥。

7　涂装防护可以按本标准第6.16节进行检验评定。

6.15 粘贴纤维复合材料

6.15.1 2 混凝土表面处理是纤维复合材料粘贴施工的关键步骤之一，投入使用不久纤维复合材料与混凝土即产生剥离，往往都是由于混凝土表面处理不当引起的，其质量对黏结强度和耐久性影响很大，需严加控制。

3 施工环境要求见本标准第 6.14 节相关说明。

6.16 钢结构涂装防护

涂层劣化程度不同，维护性涂装的表面处理要求不同，设计需根据涂层劣化程度，对原涂层的处理提出具体要求。

6.17 高强螺栓更换

6.17.1 5 更换连接螺栓，不能改变结构、构件的受力状态，需按设计要求设置必要的支撑并采取安全措施。

6.18 钢管混凝土拱脱空注浆

6.18.1 2 注浆孔的布置、数量及注浆顺序需满足设计和施工工艺要求，否则易形成气囊、空腔导致不能完全注满浆液。

6.18.2 从结构承载力考虑，注浆强度不应低于钢管内混凝土的强度。

6.19 钢管混凝土拱外包混凝土

6.19.1 4 为保证拱的稳定和施工安全，要求混凝土分层、对称、按设计要求的顺序浇筑，拱肋变形控制在允许的范围内。

6.19.2 拱轴线 S 形偏位与其他形式的偏位比较，其对拱的受力更为不利，需予以控制，故将对称点高差列为关键检查项目。

6.20 更换吊杆、吊索和拱桥系杆

(1)实测项目中的高程如以更换或调整前既有高程为准，需在施工前对全桥高程进行测量、记录。

（2）要求施工过程中对索力、高程及塔顶、拱脚变位等进行监控，以保障结构和施工安全。

（3）本节仅适用于柔性索或吊杆。测力仪检查张力或索力时，需要注意吊杆、吊索、斜拉索的刚度、约束影响。

6.21 斜拉桥换索及调索

本节说明同本标准第6.20节说明。

6.22 斜拉索、吊杆防护套修补

6.22.1 3 本节适用于高密度聚乙烯（HDPE）型防护套热熔法修补。修补时的加热温度需严格控制，避免对修补材料和斜拉索或吊杆钢丝、钢绞线造成损伤。

6.24 墩身外包钢

6.24.1 5 压浆或灌注混凝土时，需采取技术、工艺措施，保证浆体或混凝土的密实性。

6.24.2 墩柱表面与外包钢之间要求有间隙，需限制间隙偏差，使混凝土、水泥砂浆顺畅通过并充填其间，并避免形成气囊使混凝土产生空洞。

6.25 钢花管注浆锚杆加固桥台

6.25.2 实测项目中规定注浆量应满足注浆方案要求。实际工程中，注浆结束条件有多个，包括注浆量达到要求、注浆压力达到规定值、注浆压力达到某一限值同时进浆速度小于规定值、某一根管注浆量不足而以相邻管补足等。注浆方案中需有相关内容，便于判定注浆量是否合格。

6.26 墩、台增补静压桩

6.26.1 4 桩节压入施工，要求桩身无偏斜、桩头无损伤，避免安全事故发生，要求中心加压，千斤顶、桩节轴线应重合。

7 静压桩布置一般与已有基础距离较近，压桩挤土对邻近基础将不可避免产生作用，故施工过程中需按设计要求对相邻桥梁结构的沉降、位移进行观测，以控制其在允许范围内。

6.27 混凝土桩身修补

6.27.1 2 对桩身修补部位处理应干净、彻底，外露面坚实、粗糙，以增强新旧混凝土的结合。

3 水下桩身修补通常需一次成型，否则修补混凝土易产生断层。

6.28 涵洞接长

本节从总体上规定了涵洞接长质量要求。涵洞接长中新增加的构件及其安装需按本标准第 6.1.4 条的规定执行。

6.29 涵洞台身增大截面加固

本节考虑涵洞台身增大截面与桥梁上部结构差异，在实测项目中增加了竖直度检验指标。

6.30 地基注浆加固

地基注浆加固施工中，由于注浆材料在较深地层中隐蔽地扩散，直接定量判断注浆效果在技术上是较为困难的。因此，地基注浆加固质量的评定主要对施工过程的记录、检验结果进行分析，据此判断注浆效果和质量。因此，施工过程中，施工单位需会同监理工程师做好各项施工检验记录，供加固完成后复验。

6.31 混凝土涵管增大截面加固

本节考虑混凝土涵管增大截面与桥梁上部结构差异，且涵洞需要考虑排水功能，在实测项目中增加了内径、流水面高程等检验指标。

6.32 拱涵主拱圈增大截面加固

（1）本节考虑主拱圈增大截面与梁桥的结构差异，在实测项目中增加了内弧线偏离设计弧线等检验指标。

（2）拱圈增大截面加固经常出现新旧拱圈脱离、结合面开裂等现象，因此在外观质量中作了相应规定。

7　隧道养护工程

7.1　一般规定

7.1.1　鉴于目前我国公路隧道多以山岭隧道为主，且大多采用钻爆法施工，故本标准主要制定以钻爆法施工的隧道养护工程施工质量检验评定标准。采用其他方法如盾构法、掘进机法、沉埋法施工的隧道养护工程的检验可以参照本标准另行制定。

本标准未包括城市隧道的土建工程养护检验的适用性问题。

7.1.3　鉴于隧道内有装饰的不很普遍，且装修的种类多样，材料繁多，需结合隧道原装饰装修进行设计，按现行《建筑装饰装修工程质量验收标准》（GB 50210）确定实测项目，制定相应的质量检验评定标准。

7.2　排水设施维修

隧道排水设施指（横向、纵向）排水沟。截水沟、天沟等属于洞外排水设施。

7.3　人行道（检修道）维修

7.3.2　考虑到行人和检修人员的方便和安全，无照明设施隧道中相邻预制板铺设高差规定允许值比有照明设施隧道要求略高。

7.5　喷射混凝土加固

7.5.2　喷射混凝土厚度的检查常用凿孔法。凿孔检查法推荐在混凝土喷好 8h 以内，用短钎或电钻将孔凿出。此时，混凝土强度较低，易于实施，发现厚度不足可以及时补喷，施工管理也方便。用凿岩机钻孔时，若因混凝土与围岩黏结紧密，颜色相近而不易辨认喷层厚度时，可以用酚酞试液涂抹孔壁，碱性混凝土即呈现红色。每 10m 检查 1 个断面，每个断面自拱顶每 3m 检查 1 点。凿孔法适合于各级围岩条件下喷层厚度的检测。

支护（衬砌）背部与围岩之间存在空洞时，会导致围岩松弛，使支护结构产生弯曲应力而损伤支护结构的功能，降低其承载能力，极大地影响隧道的安全使用。支护（衬砌)的内部和背后状态是隐蔽的，最常用的方法是地质雷达法。现场检测时将雷达的发射和接收天线密贴于喷层表面，雷达波通过天线进入混凝土衬砌中，遇到钢筋、钢拱架、材质有差别的混凝土、混凝土中间的不连续面、混凝土与空气分界面、混凝土与岩石分界面、岩石中的裂面等产生反射，接收天线接收到反射波，测出反射波的入射、反射双向走时，就可以计算出反射波走过的路程长度，从而求出天线距反射面的距离 D。

采用地质雷达法检测喷层背部的回填密实度时，可沿隧道纵向分别在拱顶、两侧拱腰、两侧边墙连续测试 5 条测线，检测结果需钻孔验证。Ⅳ、Ⅴ、Ⅵ级围岩条件下，初期支护设有钢架，喷层相对较厚，利用地质雷达，喷层与围岩界面易于识别，因而，可以利用地质雷达采集信息，判断喷层厚度。结果检验时，每 10m 检查 1 个断面，每个断面检查 5 点，作为检验值。而Ⅰ、Ⅱ、Ⅲ级围岩条件下，喷层较薄，地质雷达难以识别喷层与围岩界面，且地质雷达检测对施工干扰大、技术要求高，适合采用钻孔法检测喷层厚度。

在实测项目中增加了黏结强度指标，提出了黏结强度检查方法和频率，可以提高隧道支护工程养护质量。

为避免对所维修的结构产生破坏，推荐采用无损检测方法进行检查，尽量减少采用凿孔法等有损检测方法，确有必要进一步验证时，可以选择适当的位置凿孔。

7.6　套(嵌)拱

7.6.1　采用这两种方法对隧道进行加固前，要结合隧道净空几何尺寸要求进行设计；加固完成后，要对净空几何尺寸进行复核，不能侵占建筑限界。

7.7　混凝土衬砌更换

7.7.1　防水混凝土的抗渗等级需要符合设计文件的要求。

8 交通安全设施养护工程

8.1 一般规定

8.1.1 对损坏的、功能不符合要求的交通安全及沿线设施应按设计要求和本章的规定进行修复或更换，也包括为改善功能而局部增设交通安全及沿线设施，包括为改善降噪效果而局部增设声屏障。

8.1.2 交通安全设施产品运到工地，在现场安装前应经进场检验确认满足设计要求后方可使用，这是基本要求，不符合这一基本要求的不予验收。

工地检验的内容包括所有构件和零部件的规格、数量以及相关质量指标；工地检验可以按现行《公路交通安全设施质量检验抽样方法》(JT/T 495)或相关产品标准的规定进行。

8.1.3 采用钢质材料的交通安全及沿线设施产品应进行防腐处理，这直接关系到产品的使用寿命。防腐处理的方法很多，应符合相应的产品标准和现行《公路交通工程钢构件防腐技术条件》(GB/T 18226)的规定。

8.2 交通标志更换、增设

8.2.1 1 标志的位置、数量应符合设计要求，质量保证资料中应该包括标志安装里程定位记录，内容含实际安装位置里程及其相对设计位置的位移量；安装角度要符合设计要求，垂直于道路轴线的路侧式标志，无论是安装在道路行驶方向的左侧还是右侧，其面板正面都不能偏向路面外侧，亦即只允许在规定的偏差范围内偏向路面内侧。

2 对字符的要求包括字体、尺寸等；对标志板的要求包括材质、厚度、外形尺寸等。

4 对反光膜的要求包括光度性能、色度性能等。

8.2.2 项次1标志面反光膜逆反射系数和项次2标志面色度性能是关键项目，要按现行《道路交通反光膜》(GB/T 18833)规定的方法进行测试。

项次5，立柱内边缘包括柱式、悬臂式、门架式支撑结构的立柱靠近路肩的一侧。

项次 6，考虑到交通标志更换项目中允许使用按规定要求修复的钢构件，为此对立柱垂直度的允许偏差作了适当的调整。立柱垂直度宜采用全站仪进行测量；无风的情况下也可采用垂线或靠尺结合钢直尺的方法检测。

8.3 路面标线划设

8.3.1 4 复划标线时基底原路面标线是适度清洁、彻底磨除还是采用其他方法，应根据标线的种类、性能，在设计中明确。

8.4 里程碑、百米桩和界碑更换、增设

8.4.1 3 金属板材反光型里程牌、百米牌是指安装在波形梁钢护栏上的铝合金底板反光型里程牌、百米牌；采用其他复合材料底板的反光型里程牌、百米牌，可以按此标准执行。

4 安装位置受限指受到绿化或护栏立柱等情况的影响。

5 里程碑、百米桩的正面通常垂直于道路轴线，考虑到检查安装角度的检查精度很难保证，故取消了安装角度的检查，代之以基本要求"里程碑、百米桩的正面不得偏向路面外侧"。

8.5 波形梁钢护栏更换、增设

8.5.1 2 波形梁钢护栏应用广泛，生产厂商较多，因此规定波形梁钢护栏构件的材质、几何尺寸和防护层应符合相应标准的要求；养护工程中局部更换波形梁钢护栏还应考虑施工路段原有波形梁钢护栏的结构形式。

4 波形梁钢护栏安装中，护栏立柱打入深度不够、连接螺栓孔位置偏移、防阻块及托架扭曲、拼接螺栓孔对不上等安装质量问题，应按规定严格加以控制。

8.5.2 项次 1 波形梁板基底板厚是质量控制的重点，减薄厚度将直接影响波形梁护栏的整体抗冲击能力。

项次 2，镀(涂)层厚度直接关系到防腐处理效果，应符合设计要求和《公路交通工程钢构件防腐技术条件》(GB/T 18226)的规定。

项次 4，立柱中距的允许偏差根据养护工程的特点作了适当调整。

项次 6，检查立柱外边缘距路肩边缘线的距离，是为了保证立柱的侧向土压力。

8.5.3 3 明显变形主要指立柱歪斜，柱帽顶部明显塌边、开裂，波形梁板、防阻块、托架、端头等扭转、倾斜。

8.6 混凝土护栏整修、增设

8.6.1 4 护栏与基础之间的连接包括预制混凝土护栏嵌锁在基础中或通过传力钢筋与基础连接。

8.6.2 项次 2 护栏断面尺寸中，中央护栏高度要由左侧路缘带设计高度到护栏顶的距离作为控制，路侧护栏高度要由右侧路缘带设计高度到护栏顶的距离作为控制。

项次 7 基础厚度，要同时控制基础顶面高程，以免造成与设计高程的误差。

8.7 缆索护栏更换、增设

8.7.1 2 构件质量控制重点包括缆索材质、直径和单丝直径以及立柱壁厚等；护栏的关键材料——钢丝绳，应该按现行《优质碳素结构钢》（GB/T 699）规定的材质制造，并符合现行《公路护栏用镀锌钢丝绳》（GB/T 25833）的规定。立柱采用普通碳素结构钢制造，立柱可以采用电焊钢管，端部结构和弓形、半弓形立柱可以采用铸钢制造；立柱壁厚是指立柱防腐处理前的壁厚，直接影响缆索护栏的整体抗冲击能力，是质量控制的重点。缆索、立柱、锚具、紧固件的镀层厚度直接关系到防腐处理效果，应符合设计要求和现行《公路交通工程钢构件防腐技术条件》（GB/T 18226）的规定。其中，镀锌钢丝应该采用单丝热浸镀锌方法，按现行《镀锌钢绞线》（YB/T 5004）的规定处理。

8.7.2 项次 1，缆索的初张力是保证护栏具有一定刚度和柔度的量度。

项次 2，最下一根缆索的高度决定缆索与碰撞车辆的作用位置。

8.8 混凝土隔离墩更换、增设

本节适用于各类预制混凝土隔离墩，包括用作中央隔离、机非隔离等的隔离墩，但不包括防撞墩。

8.8.2 项次 4，混凝土隔离墩可以是有固定基础的，也可以搁置在路面或路肩上，对这两种情况下的安装顺直度规定了使用 20m 拉线时不同的允许偏差。

8.9 隔离栏更换、增设

本节适用于金属材料或各类合成材料制作的隔离栏，包括用作中央分隔、机非分隔和路侧隔离的护栏，但不包括防撞护栏。

8.9.1 2 明显变形和弯曲度超过 10mm/m 的构件不得使用，无论金属材料或各类合成材料构件。

8.10 突起路标更换、增设

8.10.1 1 突起路标产品质量包括抗压荷载、色度性能、光度性能等，均应符合现行《突起路标》(GB/T 24725)、《太阳能突起路标》(GB/T 19813)的规定和设计要求；质量保证资料中应该提供相关的检测报告。

4 解决突起路标与路面的黏结牢固、耐久的问题，要考虑突起路标的结构、黏结剂、施工工艺等因素。

8.10.2 项次 1，安装角度指突起路标反光面的上下边线要与行车方向垂直。

项次 2，纵向间距的允许偏差根据更换工程的特点作了适当调整。

8.10.3 1 有明显的损伤、破裂或脱落的突起路标，要在验收前更换、补齐。

8.11 轮廓标更换、增设

8.11.1 1 轮廓标包括由柱体、反射器组成的设置于路肩中的柱式轮廓标，以及用支架、连接件将反射器附着于其他构造物上的轮廓标。产品质量包括外形尺寸、色度性能、光度性能等，应符合现行《轮廓标》(GB/T 24970)的规定和设计要求；质量保证资料中应该提供相关的检测报告。

轮廓标所用的反射器种类很多，设计中应该选用色度性能和光度性能符合现行《轮廓标》(GB/T 24970)规定的反射器。

8.11.2 项次 1，反射器安装角度的允许偏差以其反光面垂直于交通流方向的理论安装角度为基准。无论采用何种反射器，均应该使其反光面尽可能垂直于交通流方向，以便获得最佳反光效果。

项次 2，反射器中心高度的允许偏差根据更换工程的特点作了适当调整。

8.11.3 1 有明显的损伤、破裂或缺失的轮廓标，应该在验收前更换、补齐。

8.12 防眩设施更换、增设

8.12.1 1 防眩设施产品质量包括材质、外形尺寸、镀(涂)层厚度等，均应符合现行《防眩板》(GB/T 24718)的规定和设计要求。

8.12.2 项次 2 防眩板设置间距和项次 3 防眩板竖直度的允许偏差根据更换工程的特点作了适当调整。

8.12.3 1 未安装牢固或有明显损伤的防眩设施，应该在验收前加固或更换。

8.13 隔离栅和防落网更换、增设

8.13.1 1 隔离栅和防落网的种类很多，网面包括钢板网、编织网、电焊网和刺铁丝等，防腐层有镀锌或喷塑等。不论何种隔离栅和防落网，其材质、规格及防腐处理均应符合隔离栅标准的规定；标准未予明确规定的，应符合设计要求。

4 隔离栅和防落网的立柱有金属的和水泥混凝土的，安装形式包括有框架的和无框架整网铺设的，不论何种立柱和安装形式，其立柱与基础、立柱（框架）与网片之间均应连接稳固。

8.13.2 项次 6，网面上沿高度适用于竖直安装的隔离栅和防落网。

8.14 金属框架声屏障更换、增设

8.14.1 1 金属框架声屏障的结构形式很多，声屏障体材料包括金属、玻璃及各类复合材料；整修和更换设计中应明确各种形式的金属框架声屏障安装在不同位置的降噪效果，并明确检测方法。

2 强调整修和更换所用的声屏障体、金属立柱等构件应经进场检验，确认其质量、规格符合要求，并保证整修和更换的金属结构声屏障与同路段原有金属结构声屏障的一致性。

3 按设计要求验证基础承载力、检查基础尺寸及埋置深度，应该在安装前进行；相关记录列入质量保证资料。

8.14.2 项次 1 基础混凝土强度是声屏障结构安全的关键指标；项次 4 顶面高程和项次 8 屏体背板厚度是决定声屏障降噪效果的关键指标。

项次 7 镀（涂）层厚度，包括金属立柱、框架及金属屏体。

项次 2 基础外露宽度、项次 3 与路肩边线位置偏移、项次 5 金属立柱中距、项次 6 金属立柱竖直度、项次 9 屏体整体平整度的允许偏差根据整修和局部增设工程的特点作了适当调整。

8.14.3 1 镀（涂）层包括金属立柱、框架及金属屏体。

9 绿化养护工程

9.1 一般规定

9.1.2 本条规定了绿化工程检验评定时间。其中，植物材料、种植土壤和肥料等绿化辅助材料，均应在栽植前由施工和监理人员按规格、质量分批进行检验；种植植物的成活率、覆盖率的检验评定应在一个年生长周期满后进行，是指植物栽植后要经过休眠、萌动和生长的一个周期，即经过高温和低温两个特殊季节后，一般为栽植后一年。

9.1.3 公路绿化工程是公路工程的一个组成部分，应满足公路交通功能的需要是指不妨碍行车视线、不遮挡交通标志、不影响公路的净空高度等要素。

9.2 栽植土补缺、更换

9.2.1 1 土壤是植物生存的基础，其质量的好坏直接影响植物的成活率以及生长速度。栽植土壤应符合植物生长要求，主要是指栽植土壤应达到规定的理化指标。

栽植土壤理化指标是影响植物生长的重要因素，绿化面积为 5 000m² 以上或采用外运土方 1 000m³ 以上时，应该进行土壤的理化指标检验。栽植土壤的理化指标，当设计有专门要求时应符合设计要求；设计无专门要求时，可以参考表 9-1 的要求。

表 9-1 土壤主要理化指标

项目	pH 值	电导率 EC 值（ms/cm）	有机质（g/kg）	通气孔隙度（%）	密度（g/cm³）	石灰反应（g/kg）
指标	6.0～7.8	0.35～1.2	≥20	≥8	≤1.3	10～50

土壤采用"S"形方法采样，将采土样进行多点混合，每个混合土样为 1kg，以 200～300m² 取 10 个土样为一个混合样品；采样深度为 0～30cm 及 30～60cm 两层，除去表土，垂直向下按要求分层取样。

绿地土壤如果含有建筑废土或其他有害成分，以及强酸性土、强碱性土、盐碱土、重黏土等，应该采用客土或采取改良土壤的技术措施，并对改良后的土壤进行土质检验，符合要求后方可进行绿化种植；并应该提交土质检验报告和土壤改良措施报告作为绿化用土质量检验评定的一个重要依据。

质量保证资料应该包括相关理化指标检验报告和土壤改良措施报告。

2 栽植土层下应该有透水层或其他有效的渗水途径。如果栽植土层下有不透水层，应该打碎，不能打碎的应该钻穿，使上下贯通；或在不透水层上设置导水设施，能将土壤中的积水排出，否则会使地表水聚集在植物根系无法渗透而造成烂根，使植物逐渐死亡。

9.2.2 项次 1，有效土层厚度指满足植物生长成活所需的最低土层厚度。

项次 2，栽植土块径的规定值是上限值，检查点中有栽植土块径大于规定值时为不合格。

9.2.3 2 栽植土表层指土表之下 200mm；成堆杂物指 0.02m² 以上的集中杂物。

9.3 植物材料更新、补缺

9.3.1 1 严重病害、虫害、草害，是指检疫性的病害、虫害、草害或本地区较为少见、无自然天敌、难以防治的病害、虫害、草害；有其他病害、虫害时，要经植保人员进行技术处理后方可种植。

2 对于行道树乔木，除了要求树冠完好，还要求树干基本挺直；对灌木或特殊的塔形树要求不脱脚。

9.3.2 表 9.3.2-2 的项次 2 中高度与冠径，一般检查其中一项；设计对高度与冠径均有明确要求时，两项均需检查。

9.4 乔木、灌木栽植

9.4.1 1 种植穴规格当设计有专门要求时应符合设计要求；考虑养护工程的特点，当种植数量较少、设计对种植穴无专门要求时，可以按表9-2～表9-5要求。

表 9-2 常绿乔木类种植穴规格

胸径（cm）	土球直径（cm）	种植穴深度（cm）	种植穴直径（cm）
≤6	40～50	50～60	80～90
6～10	70～80	80～90	100～120
10～15	80～120	90～110	120～150
>15	>120	>110	>150

表 9-3 落叶乔木类种植穴规格

胸径（cm）	种植穴深度（cm）	种植穴直径（cm）	胸径（cm）	种植穴深度（cm）	种植穴直径（cm）
2～3	30～40	40～60	5～6	60～70	80～90
3～4	40～50	60～70	6～8	70～80	90～100
4～5	50～60	70～80	8～10	80～90	100～110

表 9-4 花灌木类种植穴规格

冠径(cm)	种植穴深度(cm)	种植穴直径(cm)
≤100	40~50	50~70
100~200	50~90	70~110
>200	90~110	110~140

表 9-5 竹类种植穴规格

种植穴深度(cm)	种植穴直径(cm)
比盘根或土球深20~40	比盘根或土球大40~60

9.4.2 项次1，放样定位包括种植位置和间隔。

项次4，成活率不符合规定值时，对于未成活的苗木，应该挖除后按原规格适时补种，并达到规定的成活率。

成活率根据不同地区类型确定了不同的标准。平原、微丘区因地势平缓，土壤层深厚，多处于亚热带、温带季风气候带，年降水量充足，有利于植物生长，标准较高。山区地势险要，地表径流强、冲刷、水土流失严重，土壤层薄，对植物生长有一定影响。高寒草原区及沙、碱、干旱区气候、环境条件恶劣，降水量少，不利于植物生长，标准降低。

9.4.3 1 支撑材料的高度、支撑方向、扎缚位置整齐、统一是指在同一块绿地中种植的同类植株，其支撑材料以及支撑高度、扎缚位置要整齐、统一。

9.5 草坪、草本地被栽植

9.5.1 2 草块铺种时，相邻草块的草皮生长方向要一致，否则经过一段时间的生长，相向生长的草块之间会产生挤推，使草坪生长不整齐，影响景观。

9.5.2 项次5，覆盖率不符合规定值时，对于未成活的草坪、草本地被，应按原规格适时换种，并达到规定的覆盖率。

覆盖率根据不同地区类型确定了不同的标准。平原、微丘区因地势平缓，土壤层深厚，多处于亚热带、温带季风气候带，年降水量充足，有利于植物生长，标准较高。山区地势险要，地表径流强，冲刷、水土流失严重，土壤层薄，对植物生长有一定影响。高寒草原区及沙、碱、干旱区气候、环境条件恶劣，降水量少，不利于植物生长，标准降低。

附录 A 养护工程的划分

A.0.1 养护单元是公路养护工程最基本的一个层次,相当于《公路工程质量检验评定标准 第一册 土建工程》(JTG F80/1—2017)规定的分项工程。

附录 B 路基、路面压实度评定

B. 0. 1 根据养护工程的实际情况,对有关养护单元的压实度标准分别作了明确规定。考虑到路面养护工程一般不具备做试验路段的条件,沥青混凝土面层的压实度规定以马歇尔稳定度击实成型标准密实度为准;各类路肩的情况差异较大,路肩的压实度标准由设计根据具体情况确定。

B. 0. 3 明确了路基、路面压实度的试验方法。

B. 0. 4 根据养护工程的特点,对路基、路面压实度的检验评定单元和检测频率分别作了明确规定。

B. 0. 5、B. 0. 6 本附录路基、路面压实度的评定方法与《公路工程质量检验评定标准 第一册 土建工程》(JTG F80/1—2017)附录 B 的规定是一致的。

B. 0. 7 增加了路面结构层(包括面层、基层、底基层)压实度施工过程质量控制可采用无核密度仪和核子密湿度仪测定的规定,但无核密度仪和核子密湿度仪测定的压实度未经专门论证不能用于质量检验评定。

附录 C 水泥混凝土弯拉强度评定

C.0.1 明确了水泥混凝土弯拉强度的试验方法。

C.0.2 明确了水泥混凝土弯拉强度的检验评定单元；根据水泥混凝土路面养护工程的日施工量不均的特点，将水泥混凝土弯拉强度取样检测频率调整为按施工面积取样。

C.0.3~C.0.5 本附录水泥混凝土弯拉强度的评定方法与《公路工程质量检验评定标准 第一册 土建工程》(JTG F80/1—2017)附录C的规定是一致的。

附录 D 水泥混凝土抗压强度评定

D.0.1 明确了水泥混凝土抗压强度的试验方法。

D.0.2 明确了水泥混凝土抗压强度的检验评定单元；根据养护工程的施工特点，明确了本标准涵盖的各类养护单元水泥混凝土抗压强度的取样检测频率。

交通安全及沿线设施的混凝土基础取样检测频率适用于整路段更换、增设工程；零星更换作为小修保养，不受此约束。

D.0.3、D.0.4 本附录水泥混凝土抗压强度的评定方法与《公路工程质量检验评定标准 第一册 土建工程》(JTG F80/1—2017)附录 D 的规定是一致的。

附录 E 喷射混凝土抗压强度评定

E.0.1 明确了喷射混凝土抗压强度的定义及试验方法。制取试块可采用下列方法：

（1）喷大板切割法

在施工的同时，将混凝土喷射在 450mm × 350mm × 120mm(可制成 6 块)或 450mm × 200mm × 120mm(可制成 3 块)的模型内，当混凝土达到一定强度后，加工成 100mm × 100mm × 100mm 的立方体试件。

（2）凿方切割法

当采用喷大板切割法对强度有怀疑时，可用凿方切割法。凿方切割法应在具有一定强度的支护上，用凿岩机打密排钻孔，取出长 350mm、宽约 150mm 的混凝土块，加工成 100mm × 100mm × 100mm 的立方体试件(可制成 3 块)。

E.0.2 明确了喷射水泥混凝土抗压强度的检验评定单元和取样检测频率，与现行《公路工程质量检验评定标准 第一册 土建工程》(JTG F80/1)附录 E 的规定是一致的。

E.0.3、E.0.4 本附录喷射水泥混凝土抗压强度的评定方法与现行《公路工程质量检验评定标准 第一册 土建工程》(JTG F80/1)附录 E 的规定是一致的。

附录 F 水泥砂浆强度评定

F.0.1 明确了砌筑用水泥砂浆强度试件要求、试验及计算方法。

F.0.2 明确了砌筑用水泥砂浆强度的检验评定单元和取样检测频率。

F.0.3 明确了路基、路面基层注(压)浆加固所用水泥砂浆抗折强度和抗压强度的基本试验方法和取样检测频率。

目前,用于路基、路面基层注(压)浆加固的胶合材料的品种很多,施工图设计中应该根据本附录的原则规定,明确材料强度要求和试验方法、取样检测频率。

F.0.4、F.0.5 本附录水泥砂浆强度的评定方法与《公路工程质量检验评定标准 第一册 土建工程》(JTG F80/1—2017)附录 F 的规定是一致的。

附录 G　半刚性基层和底基层材料强度评定

G.0.1　明确了半刚性基层和底基层材料强度的试验方法。

G.0.2　明确了半刚性基层和底基层材料强度的检验评定单元和取样检测频率。

G.0.3 ~ G.0.5　本附录半刚性基层和底基层材料强度的评定方法与《公路工程质量检验评定标准　第一册　土建工程》（JTG F80/1—2017）附录 G 的规定是一致的。

附录 H　路面结构层厚度评定

H.0.1　明确了路面结构层厚度的试验方法；增加了施工过程质量控制可以采用短脉冲雷达测定路面厚度的规定。

H.0.2、H.0.3　明确了路面结构层厚度的检验评定单元；根据养护工程的特点，分别明确采用 T0912 方法或 T0913 方法进行路面结构层厚度检测时的检测频率。

H.0.4～H.0.6　根据养护工程的特点，明确了按平均值和单个合格值的允许偏差评定路面结构层厚度的合格标准。

附录 J　路基路面弯沉值评定

J.0.1　明确了路基路面弯沉值的试验方法。

J.0.2　明确了路基路面弯沉值的检验评定单元和检测频率。

附录 K　质量检验评定用表和质量保证资料

K.1　养护工程质量检验评定用表

K.1.2　养护工程质量评定表用于对养护工程合同项目中所有养护单元工程质量检验评定的汇总。

K.1.3　植物材料现场接收和栽植情况表用于记录苗木到达现场、接收和种植的具体情况。

在数量栏中，异地苗木来苗总数应与植物检疫证中的相关数据相吻合。

K.1.4　植物成活率统计表应该在植物栽植后经过高温和低温两个特殊季节后(一般为栽植后一年)进行植物成活率、覆盖率统计。

成活率规定值是指在施工合同中双方确定的、在正常种植季节栽植的植物成活率指标。

K.2　质量保证资料要求

附表 K.2.1 规定了公路养护工程质量保证资料的六个方面(类别)内容。

质量保证资料参与相关养护单元的质量评分，因此质量保证资料应尽量按养护单元整理汇总。考虑到实际施工中有些质量保证资料(特别是原材料的质量保证单和检验报告)往往同时用于不同的养护单元，很难完全分得开，在此种情况下，同类质量保证资料可以按养护工程合同项目整理汇总，但在各相应养护单元均应该准确地反映出来。

质量保证资料的第 1 类"所用原材料、半成品和成品质量检验结果"，主要包括所用原材料、半成品和成品的质量保证单、发货单和检验报告等。其中，质量保证单、发货单由供货方提供；检验报告应该反映原材料、半成品和成品的主要物理、化学性能，除了由供货方提供的之外，施工方还应该按一定的频率取样复试。

主要原材料、半成品和成品的复试可采用下列频率：

(1)水泥物理、化学性能复试：每一生产厂家、每一品种、每 200t 一次；

(2)沥青针入度、软化点、延度复试：每一品种、每接收批、每 100t 一次；

(3)钢材力学性能复试：每一规格、每 60t 一次；

（4）有色金属材料力学性能复试：每一生产厂家、每一规格、每 10t 一次；

（5）土工合成材料力学性能复试：每一生产厂家、每一品种规格、每 10 000m² 一次。

K.3　竣工资料检查用表

K.3.1　公路养护工程竣工资料检查内容是根据《关于贯彻执行公路工程竣交工验收办法有关事宜的通知》（交公路发〔2004〕446 号）附件二的基本要求，结合养护工程的特点制定的。

附表 K.3.1 的"检查情况"列，实际使用时，应该填写检查的具体情况。

序号 1 "立项文件和造价文件"中，1）立项文件指养护工程计划批复文件；2）合同文件包括施工和监理的合同文本、全部招标文件、中标单位的投标文件和承诺书等；3）造价文件包括工程决算和审价文件，在工程竣工验收时通常尚未产生，故不作要求，但在归档时要有该项文件。

序号 4 "工程施工过程资料"中的停工、复工报告，是指在施工过程中监理如发现因存在技术规范和操作规程所不容许的行为而导致的质量缺陷时，应该立即发出停工令，直到施工单位更换不合格的材料、设备或不称职的施工人员及改变不正确的施工方法、操作工艺，满足重新开工的条件后，再由监理签发复工令，严格按规范继续施工。

序号 5 "施工及监理质量管理资料"中，1）工程项目划分表符合本标准附录 A 的规定；2）工程质量保证资料指本标准各有关章节规定的全部质量保证资料，该部分资料参与各工程项目的质量检验评定，同时作为竣工资料的组成部分；3）工程质量检验评定表指本标准附录 K.1.1～K.1.4 规定的质量检验评定表；4）监理质量控制文件包括监理大纲、监理的材料试验和独立抽检资料、监理日志等。

序号 7 "工程总结及工程验收文件"中，5）单项工程质量验收文件指养护工程合同项目中包含的单项工程的质量验收文件；6）工程竣工验收报告单符合附表 K.3.2 的规定。

附录 L　路面横向力系数评定

L. 0. 1　明确了路面横向力系数的试验方法。

L. 0. 2　明确了路面横向力系数的检验评定单元和检测频率。

L. 0. 3 ~ L. 0. 6　本附录路面横向力系数的评定方法与《公路工程质量检验评定标准　第一册　土建工程》(JTG F80/1—2017)附录 L 的规定是一致的。

附录 M 植筋拉拔承载力现场检验评定

本附录参考《建筑结构加固工程施工质量验收规范》(GB 50550—2010)编制。

M.0.2 破坏性试验能测出植筋极限抗拔力,但会对结构造成局部破坏,故仅要求主要结构、构件受拉钢筋的抗拔力检验及对锚固质量有怀疑时采用此方法。

附录 N 混凝土构件粘贴纤维复合材料、钢板的正拉黏结强度评定

本附录参考美国 ASTM C 1583-04 [Standard Test Method for Tensile Strength of Concrete Surfaces and the Bond Strength or Tensile Strength of Concrete Repair and Overlay Materials by Direct Tension (Pull-off Method)] 及《数显式粘结强度检测仪》（JG/T 507—2016）、《公路桥梁加固设计规范》（JTG/T J22—2008）和《建筑结构加固工程施工质量验收规范》（GB 50550—2010）的相关内容编制。

现行公路工程行业标准一览表

(2025 年 4 月)

序号	板块	模块	现行编号	名称	定价(元)
1	总体		JTG 1001—2017	公路工程标准体系(14300)	20.00
2			JTG 1002—2022	公路工程行业标准制修订管理导则(18218)	40.00
3			JTG 1003—2023	公路工程行业标准编写导则(18257)	40.00
4	通用	基础	JTG B01—2014	公路工程技术标准(活页夹版,11814)	98.00
				公路工程技术标准(平装版,11829)	68.00
5			JTG 2111—2019	小交通量农村公路工程技术标准(15372)	50.00
6			JTG 2112—2021	城镇化地区公路工程技术标准(17752)	50.00
7			JTG 2120—2020	公路工程结构可靠性设计统一标准(16532)	50.00
8			建标[2011]124 号	公路工程项目建设用地指标(09402)	36.00
9			JTG F80/1—2017	公路工程质量检验评定标准 第一册 土建工程(14472)	90.00
10			JTG 2182—2020	公路工程质量检验评定标准 第二册 机电工程(16987)	60.00
11		安全	JTG B05—2015	公路项目安全性评价规范(12806)	45.00
12			JTG B05-01—2013	公路护栏安全性能评价标准(10992)	30.00
13			JTG/T 2213—2023	公路大件运输安全通行评价技术规范(18523)	60.00
14			JTG B02—2013	公路工程抗震规范(11120)	45.00
15			JTG/T 2231-01—2020	公路桥梁抗震设计规范(16483)	80.00
16			JTG/T 2231-02—2021	公路桥梁抗震性能评价细则(16433)	40.00
17			JTG 2232—2019	公路隧道抗震设计规范(16131)	60.00
18			JTG F90—2015	公路工程施工安全技术规范(12138)	68.00
19		绿色	JTG B03—2006	公路建设项目环境影响评价规范(13373)	40.00
20			JTG B04—2010	公路环境保护设计规范(08473)	28.00
21			JTG/T 2321—2021	公路工程利用建筑垃圾技术规范(17536)	40.00
22			JTG/T 2340—2020	公路工程节能规范(16115)	30.00
23		智慧	JTG/T 2420—2021	公路工程信息模型应用统一标准(17181)	50.00
24			JTG/T 2421—2021	公路工程设计信息模型应用标准(17179)	80.00
25			JTG/T 2422—2021	公路工程施工信息模型应用标准(17180)	70.00
26			JTG/T 2430—2023	公路工程设施支持自动驾驶技术指南(19031)	40.00
27			JTG/T 3191—2025	公路建设市场监管信息技术规范(5157)	70.00
28	建设	勘测	JTG C10—2007	公路勘测规范(06570)	40.00
29			JTG/T C10—2007	公路勘测细则(06572)	42.00
30			JTG C20—2011	公路工程地质勘察规范(09507)	65.00
31			JTG/T C21-01—2005	公路工程地质遥感勘察规范(0839)	17.00
32			JTG/T C21-02—2014	公路工程卫星图像测绘技术规程(11540)	25.00
33			JTG/T 3221-04—2022	公路跨海通道工程地质勘察规程(18076)	70.00
34			JTG/T 3222—2020	公路工程物探规程(16831)	60.00
35			JTG 3223—2021	公路工程地质原位测试规程(17325)	100.00
36			JTG C30—2015	公路工程水文勘测设计规范(12063)	70.00
37		设计	JTG/T 3310—2019	公路工程混凝土结构耐久性设计规范(15635)	50.00
38			JTG/T 3311—2021	小交通量农村公路工程设计规范(17487)	60.00
39			JTG D20—2017	公路路线设计规范(14301)	80.00
40			JTG/T D21—2014	公路立体交叉设计细则(11761)	60.00
41			JTG D30—2015	公路路基设计规范(12147)	98.00
42			JTG/T D31—2008	沙漠地区公路设计与施工指南(1206)	32.00
43			JTG/T D31-02—2013	公路软土地基路堤设计与施工技术细则(10449)	40.00
44			JTG/T 3331-03—2024	采空区公路设计与施工技术规范(4722)	50.00
45			JTG/T 3331-04—2023	多年冻土地区公路设计与施工技术规范(18518)	80.00
46			JTG/T D31-05—2017	黄土地区公路路基设计与施工技术规范(13994)	50.00
47			JTG/T D31-06—2017	季节性冻土地区公路设计与施工技术规范(13981)	45.00
48			JTG/T 3331-07—2024	公路膨胀土路基设计与施工技术规范(4709)	60.00
49			JTG/T 3331-08—2022	盐渍土地区公路路基设计与施工技术细则(18515)	60.00
50			JTG/T D32—2012	公路土工合成材料应用技术规范(09908)	50.00
51			JTG/T 3681—2024	公路工程机制砂应用技术规范(5085)	50.00
52			JTG/T D33—2012	公路排水设计规范(10337)	40.00
53			JTG/T 3334—2018	公路滑坡防治设计规范(15178)	55.00
54			JTG D40—2011	公路水泥混凝土路面设计规范(09463)	40.00
55			JTG D50—2017	公路沥青路面设计规范(13760)	50.00
56			JTG/T 3350-03—2020	排水沥青路面设计与施工技术规范(16651)	50.00
57			JTG/T 3351—2024	农村公路简易铺装路面设计施工技术细则(4767)	50.00
58			JTG D60—2015	公路桥涵设计通用规范(12506)	40.00
59			JTG/T 3360-01—2018	公路桥梁抗风设计规范(15231)	75.00
60			JTG/T 3360-02—2020	公路桥梁抗撞设计规范(16435)	40.00
61			JTG/T 3360-03—2018	公路桥梁景观设计规范(14540)	40.00
62			JTG D61—2005	公路圬工桥涵设计规范(13355)	30.00
63			JTG 3362—2018	公路钢筋混凝土及预应力混凝土桥涵设计规范(14951)	90.00
64			JTG 3363—2019	公路桥涵地基与基础设计规范(16223)	90.00
65			JTG D64—2015	公路钢结构桥梁设计规范(12507)	80.00
66			JTG/T D64-01—2015	公路钢混组合桥梁设计与施工规范(12682)	45.00
67			JTG/T 3364-02—2019	公路钢桥面铺装设计与施工技术规范(15637)	50.00
68			JTG/T 3365-01—2020	公路斜拉桥设计规范(16365)	50.00
69			JTG/T 3365-02—2020	公路涵洞设计规范(16583)	50.00
70			JTG/T D65-05—2015	公路悬索桥设计规范(12674)	55.00
71			JTG/T D65-06—2015	公路钢管混凝土拱桥设计规范(12514)	40.00
72			JTG/T 3365-05—2022	公路装配式混凝土桥梁设计规范(17885)	60.00
73			JTG 3370.1—2018	公路隧道设计规范 第一册 土建工程(14639)	110.00
74			JTG D70/2—2014	公路隧道设计规范 第二册 交通工程与附属设施(11543)	50.00
75			JTG/T D70—2010	公路隧道设计细则(08478)	66.00
76			JTG/T D70/2-01—2014	公路隧道照明设计细则(11541)	35.00
77			JTG/T D70/2-02—2014	公路隧道通风设计细则(11546)	70.00
78			JTG/T 3371—2022	公路水下隧道设计规范(17889)	120.00

序号	板块	模块	现行编号	名称	定价（元）
79			JTG/T 3371-01—2022	公路沉管隧道设计规范（18063）	70.00
80			JTG/T 3372—2024	公路黄土隧道设计与施工技术规范（4821）	70.00
81			JTG/T 3373—2024	公路岩溶隧道设计与施工技术规范（4831）	75.00
82			JTG/T 3374—2020	公路瓦斯隧道设计与施工技术规范（16141）	60.00
83			JTG D80—2006	高速公路交通工程及沿线设施设计通用规范（0998）	25.00
84			JTG D81—2017	公路交通安全设施设计规范（14395）	60.00
85		设计	JTG/T D81—2017	公路交通安全设施设计细则（14396）	90.00
86			JTG/T 3381-02—2020	公路限速标志设计规范（16696）	40.00
87			JTG/T 3381-03—2024	小交通量农村公路交通安全设施设计细则（4780）	70.00
88			JTG D82—2009	公路交通标志和标线设置规范（07947）	116.00
89			JTG/T 3383-01—2020	公路通信及电力管道设计规范（16686）	40.00
90			JTG/T L11—2014	高速公路改建设计细则（11998）	45.00
91			JTG/T L80—2014	高速公路改扩建交通工程与沿线设施设计细则（11999）	30.00
92			JTG/T 3392—2022	高速公路改扩建交通组织设计规范（17883）	50.00
93		通用图	JTG/T 3911—2021	装配化工字组合梁钢桥通用图（17771）	3000.00
94			JTG/T 3912—2022	装配化箱形组合梁钢桥通用图（18348）	3000.00
95			JTG E20—2011	公路工程沥青及沥青混合料试验规程（09468）	106.00
96			JTG 3420—2020	公路工程水泥及水泥混凝土试验规程（16989）	100.00
97			JTG 3430—2020	公路土工试验规程（16828）	120.00
98		试验	JTG 3431—2024	公路工程岩石试验规程（4702）	40.00
99			JTG 3432—2024	公路工程集料试验规程（4704）	100.00
100			JTG E50—2006	公路工程土工合成材料试验规程（13398）	40.00
101			JTG 3441—2024	公路工程无机结合料稳定材料试验规程（4703）	80.00
102	建设		JTG 3450—2019	公路路基路面现场测试规程（15830）	90.00
103			JTG/T 3512—2020	公路工程基桩检测技术规程（16482）	60.00
104		检测	JTG/T 3520—2021	公路机电工程测试规程（17414）	60.00
105			JTG/T 4320—2022	公路车辆动态称重检测系统技术规范（18265）	30.00
106			JTG/T 3610—2019	公路路基施工技术规范（15769）	80.00
107			JTG/T F20—2015	公路路面基层施工技术细则（12367）	45.00
108			JTG/T F30—2014	公路水泥混凝土路面施工技术细则（11244）	60.00
109			JTG F40—2004	公路沥青路面施工技术规范（05328）	50.00
110			JTG/T 3650—2020	公路桥涵施工技术规范（16434）	125.00
111			JTG/T 3650-01—2022	公路桥梁施工监控技术规程（18268）	40.00
112		施工	JTG/T 3650-02—2019	特大跨径公路桥梁施工测量规范（15634）	80.00
113			JTG/T 3651—2022	公路钢结构桥梁制造和安装施工规范（17884）	80.00
114			JTG/T 3652—2022	跨海钢箱梁桥大节段施工技术规程（18075）	30.00
115			JTG/T 3654—2022	公路装配式混凝土桥梁施工技术规范（18231）	60.00
116			JTG/T 3660—2020	公路隧道施工技术规范（16488）	100.00
117			JTG/T 3661—2025	公路隧道交通工程与附属设施施工技术规范（5201）	80.00
118			JTG/T 3671—2021	公路交通安全设施施工技术规范（17000）	50.00
119			JTG/T 3673—2025	公路机电工程施工技术规范（5142）	65.00
120		监理	JTG G10—2016	公路工程施工监理规范（13275）	40.00
121			JTG 3810—2017	公路工程建设项目造价文件管理导则（14473）	50.00
122			JTG/T 3811—2020	公路工程施工定额测定与编制规程（16083）	60.00
123			JTG/T 3812—2020	公路工程建设项目造价数据标准（16836）	100.00
124			JTG 3820—2018	公路工程建设项目投资估算编制办法（14362）	60.00
125		造价	JTG/T 3821—2018	公路工程估算指标（14363）	120.00
126			JTG 3830—2018	公路工程建设项目概算预算编制办法（14364）	60.00
127			JTG/T 3831—2018	公路工程概算定额（14365）	270.00
128			JTG/T 3832—2018	公路工程预算定额（14366）	300.00
129			JTG/T 3832-01—2022	公路桥梁钢结构工程预算定额（18182）	40.00
130			JTG/T 3833—2018	公路工程机械台班费用定额（14367）	50.00
131			JTG/T 4110—2024	公路路政管理技术标准（4836）	60.00
132	管理	执法	JTG/T 4240—2024	公路路政勘查技术规范（5076）	60.00
133			JTG/T 4620—2024	超限运输车辆行驶公路管理系统技术规范（5077）	75.00
134			JTG 5110—2023	公路养护技术标准（4639）	40.00
135			JTG 5120—2021	公路桥涵养护规范（17160）	60.00
136			JTG/T 5122—2021	公路缆索结构体系桥梁养护技术规范（17764）	60.00
137			JTG/T 5124—2022	公路跨海桥梁养护技术规范（18092）	50.00
138			JTG H12—2015	公路隧道养护技术规范（12062）	60.00
139		综合	JTJ 073.1—2001	公路水泥混凝土路面养护技术规范（13658）	20.00
140			JTG 5142—2019	公路沥青路面养护技术规范（15612）	60.00
141			JTG/T 5142-01—2021	公路沥青路面预防养护技术规范（17578）	50.00
142			JTG 5150—2020	公路路基养护技术规范（16596）	40.00
143			JTG/T 5190—2019	农村公路养护技术规范（15430）	30.00
144			JTG 5210—2018	公路技术状况评定标准（15202）	40.00
145			JTG 5211—2024	农村公路技术状况评定标准（4768）	50.00
146			JTG/T E61—2014	公路路面技术状况自动化检测规程（11830）	25.00
147	养护		JTG/T H21—2011	公路桥梁技术状况评定标准（09324）	46.00
148		检测	JTG/T J21—2011	公路桥梁承载能力检测评定规程（09480）	20.00
149		评价	JTG/T J21-01—2015	公路桥梁荷载试验规程（12751）	40.00
150			JTG/T 5214—2022	在用公路桥梁现场检测技术规程（18168）	50.00
151			JTG 5220—2020	公路养护工程质量检验评定标准 第一册 土建工程（16795）	80.00
152			JTG 5421—2018	公路沥青路面养护设计规范（15201）	40.00
153			JTG/T J22—2008	公路桥梁加固设计规范（07380）	52.00
154		养护	JTG/T 5440—2018	公路隧道加固技术规范（15402）	70.00
155		设计	JTG/T F31—2014	公路水泥混凝土路面再生利用技术细则（11360）	30.00
156			JTG/T 5521—2019	公路沥青路面再生技术规范（15839）	60.00
157		养护	JTG/T J23—2008	公路桥梁加固施工技术规范（07378）	40.00
158		施工	JTG/T 5532—2023	公路桥梁支座和伸缩装置养护与更换技术规范（19038）	60.00
159			JTG H30—2015	公路养护安全作业规程（12234）	90.00
160			JTG 5610—2020	公路养护预算编制导则（16733）	50.00
161			JTG/T M72-01—2017	公路隧道养护工程预算定额（14189）	60.00
162		造价	JTG/T 5612—2020	公路桥梁养护工程预算定额（16855）	50.00
163			JTG/T 5640—2020	农村公路养护预算编制办法（16302）	70.00
164			JTG 6310—2022	收费公路联网收费技术标准（18175）	110.00
165		收费服务	JTG/T 6303.1—2017	收费公路移动支付技术规范 第一册 停车移动支付（14380）	20.00
166	运营		JTG B10-01—2014	公路电子不停车收费联网运营和服务规范（11566）	30.00
167		应急处置	JTG/T 6410—2025	公路交通应急抢通技术规程（5289）	40.00
168			JTG/T 6420—2024	公路交通应急装备物资储备中心技术规范（19437）	20.00
169		车路协同	JTG/T 6520—2024	公路电子不停车收费车路协同拓展应用技术规范（5093）	90.00